Published by Bernd Bruemmer Verlag, Wertheim, Germany
www.bbmusic.de, verlag@bbmusic.de

Front cover photo: Bernd Bruemmer
Back cover photo: Manfred Pollert, www.pollert.de

Thanks to Ehrfried Bohnhorst, USA and Mike and Sue Upfold, Australia for copy-editing the English edition!

Printed by CreateSpace

ISBN 978-3-940334-03-9

Bernd Bruemmer

CHORDS AT YOUR FINGERTIPS

All the guitar chords you will need at you side

Contents

Reading the Chord Diagram

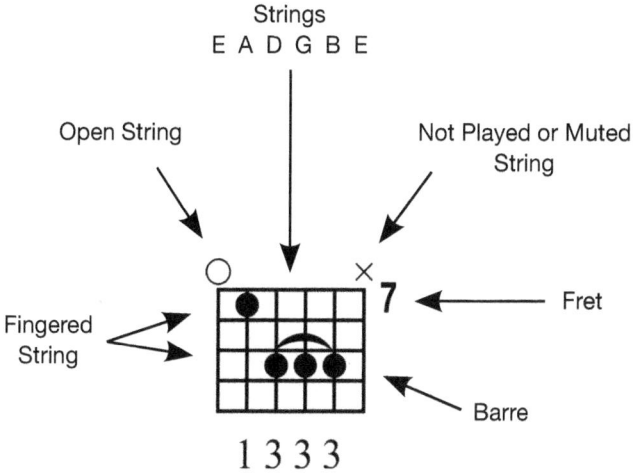

Strings
E A D G B E

Open String

Not Played or Muted
String

Fingered
String

7   Fret

Barre

1 3 3 3

Fingering

1 = Index Finger
2 = Middle Finger
3 = Ring Finger
4 = Little Finger
T = Thumb

The Chord Names (with Example A)

Name *	Synonym	Notes **
A	Amaj, Ama	1 3 5
A/F#	*slash chord, A over F# (= 3 in bass)*	1 3 5 / 3
A/E	*slash chord, A over E (= 5 in bass)*	1 3 5 / 5
Asus^2	A^2	1 2 5
Asus^4	A^4	1 4 5
A^5	A omit 3, A no 3rd, An3	1 5
A^6		1 3 5 6
A$^{6/9}$		1 2 3 5 6
A^7		1 3 5 7
A^{7}sus^4		1 4 5 7
A$^{7\#9}$		1 #2 3 5 7
A^{maj7}	A^{ma7}, A^{M7}	1 3 5 M7
Aadd^9	Aadd^2	1 2 3 5
A^9	A$^{7/9}$	1 2 3 5 7
A^{maj9}		1 2 3 5 M7
Aaug	A$^{\#5}$, A+	1 3 #5
Aaug^7	A$^{7\#5}$, A+^{7}	1 3 #5 7
Am	Amin, Ami, A–	1 b3 5
Am^6	A–^{7}	1 b3 5 6
Am^7	A–^{6}	1 b3 5 7
Am^{7b5}	Ahalfdim, AØ^7	1 b3 b5 7
Am^{maj7}	Am^{ma7}, Am^{M7}	1 b3 5 M7
Am^9	Am$^{7/9}$	1 2 b3 5 7
Adim	Ao	1 b3 b5
Adim^7	Ao^7	1 b3 b5 b7

* A chord is usually built from at least three different notes. The root of the chord is written as a capital letter. The capital letter alone represents a major triad. All changes or extensions are listed next to the capital letter. Cm7 for example, means: "C Minor Chord with the Minor Seventh"

** Notes that build the chord: 1 = Root, 2 = Major Second or Ninth, #2 = Augmented Second or Ninth, 3 = Major Third, b3 = Minor Third, 4 = Pure Fourth, 5 = Pure Fifth, b5 = Diminished Fifth, # 5 = Augmented Fifth, 6 = Major Sixth, 7 = Minor Seventh, M7 = Major Seventh

The Chords

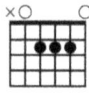

A

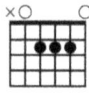
1 2 3

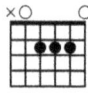
2 3 4

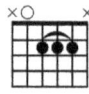
1 1 1

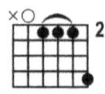
1 1 1 4

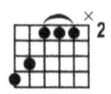
4 3 1 1 1

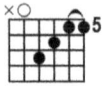
3 2 1 1

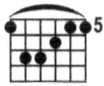
1 3 4 2 1 1

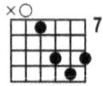
1 2 4 3

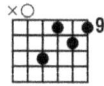
4 1 3 2

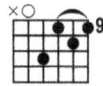
3 1 2 1

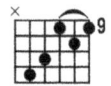
4 3 1 2 1

A/C# ▸

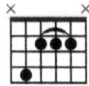
3 1 1 1

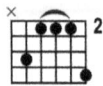
3 1 1 1 4

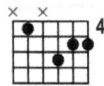
1 4 2 3

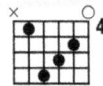
1 4 3 2

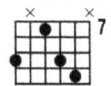
2 1 3 4

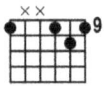
1 2 4 3

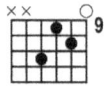
3 1 2

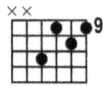
4 1 3 2

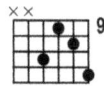
3 1 2 4

1 4 3 1 2 1

A/E ▸

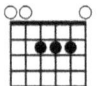
1 2 3

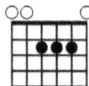
2 3 4

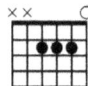
1 2 3

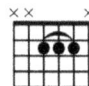
1 1 1

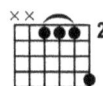
1 1 1 4

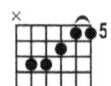
3 4 2 1 1

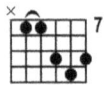
1 1 2 4 3

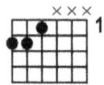
2 3 1

Asus² ▸

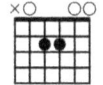
1 2

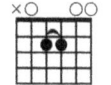
1 3

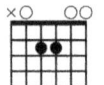
2 3

1 3

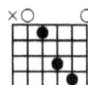
1 3 4

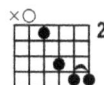
1 3 4 4

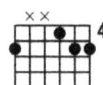
2 1 3 4

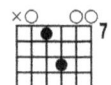
1 3

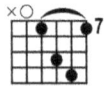
1 3 4 1

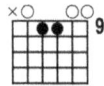
2 3

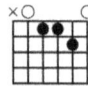
1 2 3

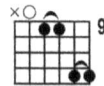
1 1 4 4

Asus⁴ ▸

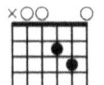
1 3

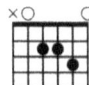
1 2 3

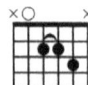
1 1 3

1 1 2 4

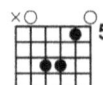
3 4 1

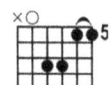
3 4 1 1

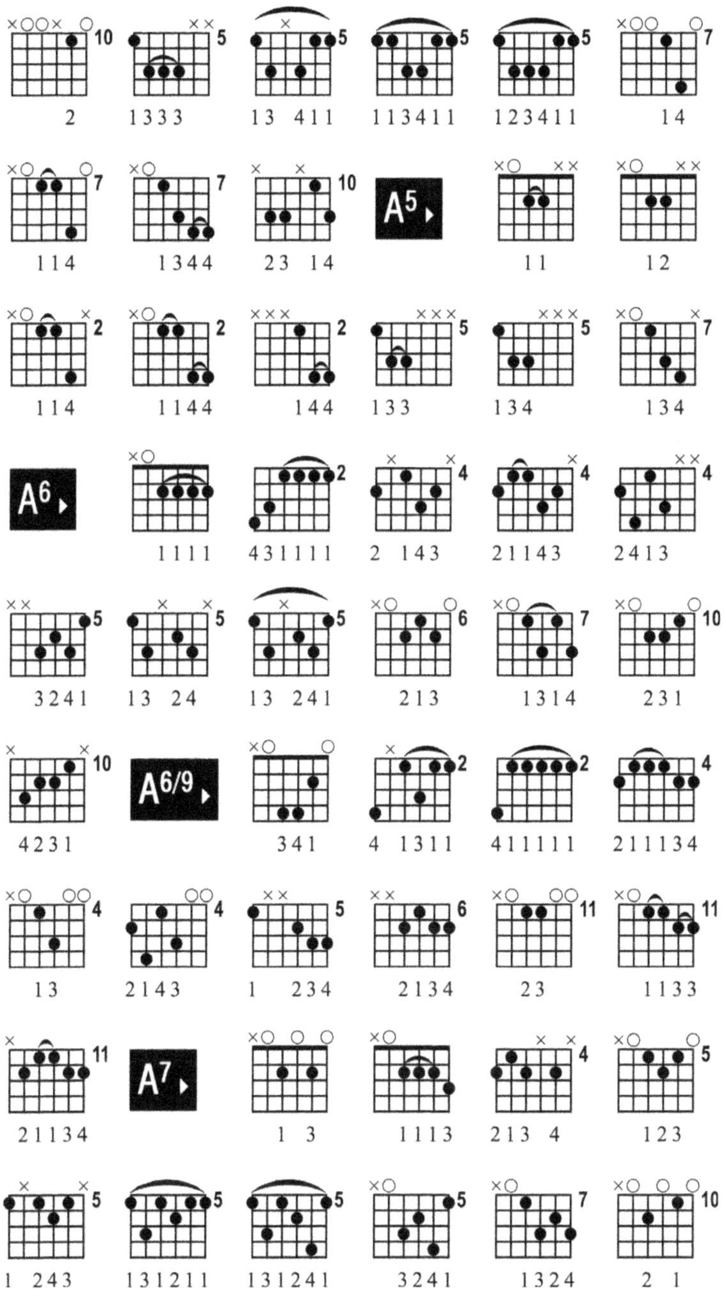
A5
A6
A6/9
A7

A⁷sus⁴ ▶

A⁷#9 ▶

Aᵐᵃʲ⁷ ▶

Aᵃᵈᵈ⁹ ▶

A⁹ ▶

Row 1:
1 3 3 3 | 2 1 3 3 3 | 2 3 3 3 | **A^maj9** ▸ | 2 1 4 1 3

Row 2:
2 3 1 4 | 1 1 1 1 | 1 2 | 1 4 2 3 | **Aaug** ▸ | 4 2 3 1

Row 3:
4 3 2 1 1 | 4 2 3 1 | 1 4 2 3 | 1 4 3 2 | 2 1 1 4 | 4 2 3 1

Row 4:
3 2 1 1 | 2 1 1 4 | **Aaug^7** ▸ | 3 2 1 | 2 1 3

Row 5:
2 1 1 3 | 1 2 3 1 | 1 2 3 4 | 1 4 2 3 | 2 1 3 4 | **Am** ▸

Row 6:
2 3 1 | 1 4 4 4 | 2 3 3 3 | 3 1 1 1 | 1 3 4 1 1 1 | 3 1 1 4

Row 7:
1 3 4 2 | 3 2 4 1 | 2 1 3 | **Am^6** ▸ | 2 1 3 | 2 3 1 4

Row 8:
2 3 4 1 | 1 2 3 | 2 1 3 4 | 1 3 3 3 | 2 1 3 3 3 | 1 3 1 4 1

Row 9:
1 4 2 3 | 1 3 1 2 | 1 3 2 | 4 1 3 | **Am^7** ▸ | 2 1

© 2014 by Bernd Bruemmer

11

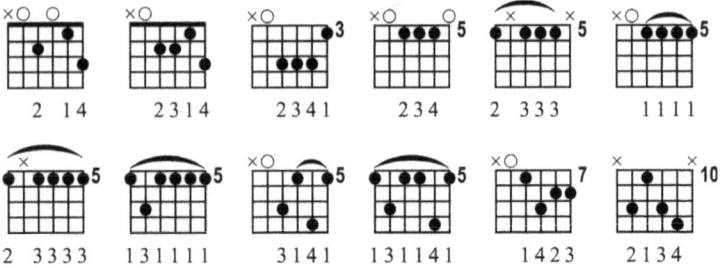

2 1 4	2 3 1 4	2 3 4 1	2 3 4	2 3 3 3	1 1 1 1

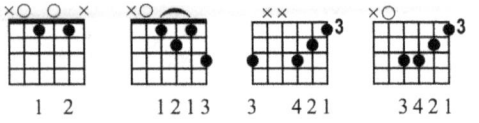

2 3 3 3 3	1 3 1 1 1 1	3 1 4 1	1 3 1 1 4 1	1 4 2 3	2 1 3 4

Am⁷ᵇ⁵ ▸

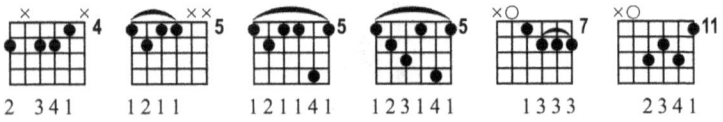

1 2	1 2 1 3	3 4 2 1	3 4 2 1

2 3 4 1	1 2 1 1	1 2 1 1 4 1	1 2 3 1 4 1	1 3 3 3	2 3 4 1

Amᵐᵃʲ⁷ ▸

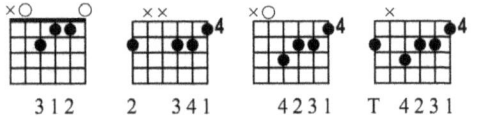

3 1 2	2 3 4 1	4 2 3 1	T 4 2 3 1

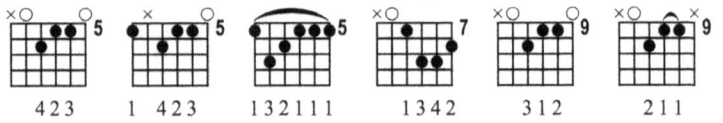

4 2 3	1 4 2 3	1 3 2 1 1 1	1 3 4 2	3 1 2	2 1 1

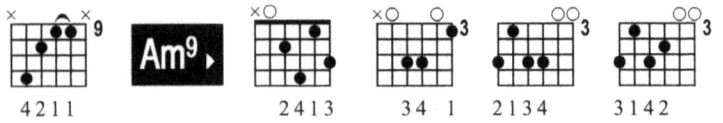

4 2 1 1	

Am⁹ ▸

2 4 1 3	3 4 1	2 1 3 4	3 1 4 2

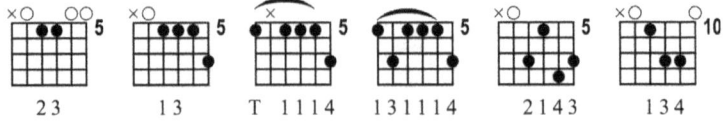

2 3	1 3	T 1 1 1 4	1 3 1 1 1 4	2 1 4 3	1 3 4

2 1 3 4	1 3 3 3	2 1 3 3 3

Adim ▸

1 2	1 3 2

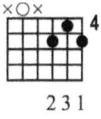
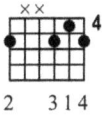
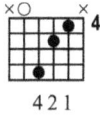
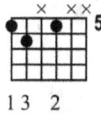
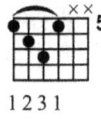
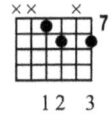

Adim⁷ ▸

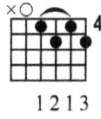
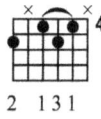
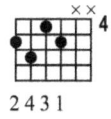

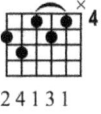

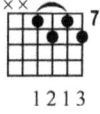
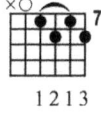
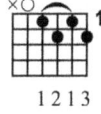
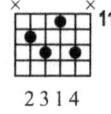

A♯ = B♭

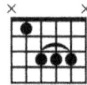 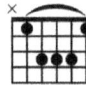 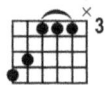

1 3 3 3   1 2 3 4 1   4 3 1 1 1

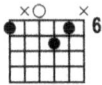 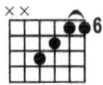 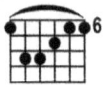 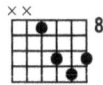 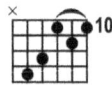

1   3 2   3 2 1 1   1 3 4 2 1 1   1 2 4 3   4 3 1 2 1

A♯/D ▸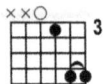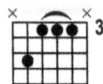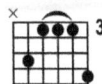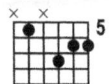

2 3 1   1 4 4   3 1 1 1   3 1 1 1 4   1   4 2 3

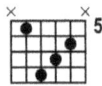 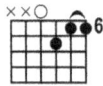 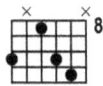 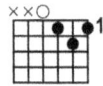 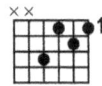 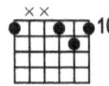

1 4 3 2   2 1 1   2   1 3 4   4 3 2   4 1 3 2   1   2 4 3

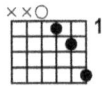 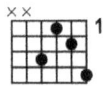    **A♯/F** ▸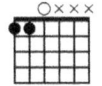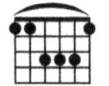

1 2 4   3 1 2 4   1 4 3 1 2 1   2 3   1 1 2 3 4 1

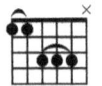 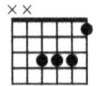 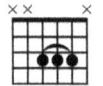 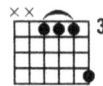 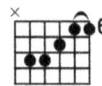 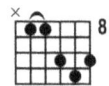

1 1 3 3 3   2 3 4 1   3 3 3   1 1 1 4   3 4 2 1 1   1 1 2 4 3

A♯sus² ▸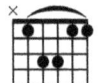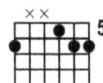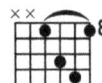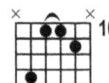

1 3 4 1 1   2   1 3 4   1 3 4 1   4 1 1 2

A♯sus⁴ ▸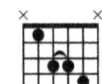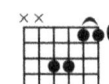

1 2 3 4 1   1 1 3 4 1   1 3 3 4   3 4 1 1

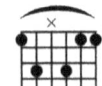     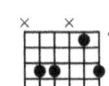

1 3   4 1 1   1 1 3 4 1 1   1 2 3 4 1 1   1 3 3 3   1 3 4 4   2 3   1 4

14

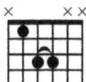 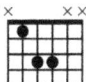 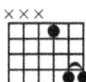 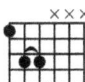 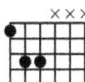

1 3 3   1 3 4   1 4 4   1 3 3   1 3 4

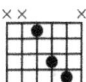 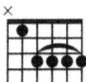  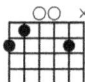 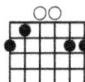

1 3 4   1 3 3 3 3   4 3 1 1 1 1   2 1   3   2 1   3 4

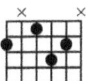 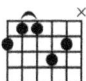 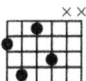 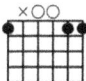 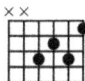 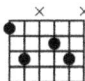

2 1 4 3   2 1 1 4 3   2 4 1 3   2   3 4   3 2 4 1   1 3   2 4

 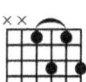 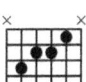 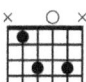 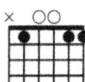

1 3   2 4 1   1 3 1 4   4 2 3 1   1 3   4   1   2 3

   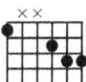 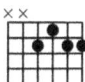

4   1 3 1 1   4 1 1 1 1 1   2 1 1 1 3 4   1   2 3 4   2 1 3 4

 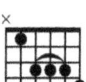 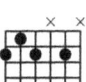 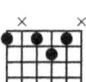  

1 3 1 4 1   1 3 3 3 4   2 1 3   4   1   2 4 3   1 3 1 2 1 1   1 3 1 2 4 1

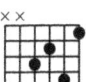 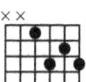 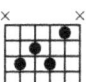 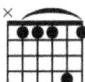

3 2 4 1   1 3 2 4   3 2 4 1   1 1 1 4 1

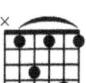 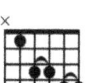   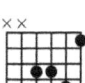 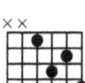

1 3 1 4 1   1 3 3 4 4   1 3 1 4 1 1   1 2 1 3 4 1   2 3 4 1   1 3 2 4

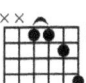 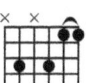 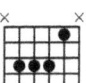 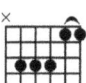 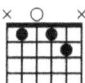

1 1 2 4   3   4 1 1   2 3 4 1   2 3 4 1 1   1   2 3

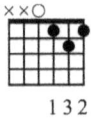 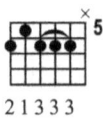 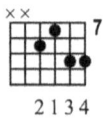 A#maj7 ▸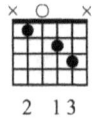

1 3 2   2 1 3 3 3   2 1 3 4   2 1 3

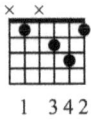 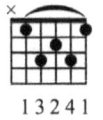 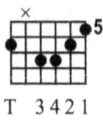 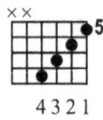 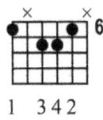 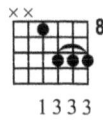

1 3 4 2   1 3 2 4 1   T 3 4 2 1   4 3 2 1   1 3 4 2   1 3 3 3

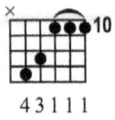 A#add9 ▸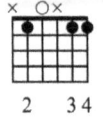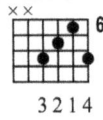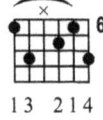

4 3 1 1 1   2   3 4   3 2 1 4   1 3 2 1 4

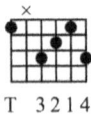 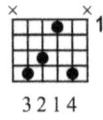 A#9 ▸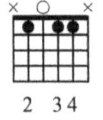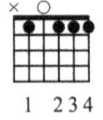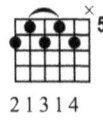

T 3 2 1 4   3 2 1 4   2 3 4   1 2 3 4   2 1 3 1 4

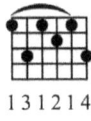 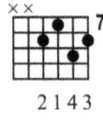 A#maj9 ▸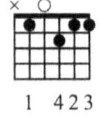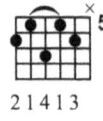

1 3 1 2 1 4   2 1 4 3   1 4 2 3   2 1 4 1 3

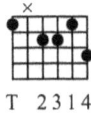 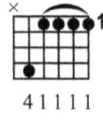 A#aug ▸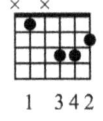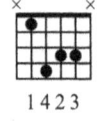

T 2 3 1 4   4 1 1 1 1   1 3 4 2   1 4 2 3

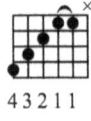 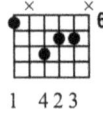  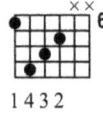 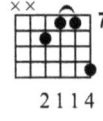 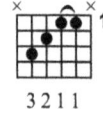

4 3 2 1 1   1 4 2 3   4 2 3 1   1 4 3 2   2 1 1 4   3 2 1 1

A#aug7 ▸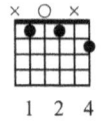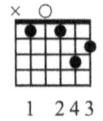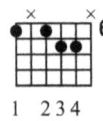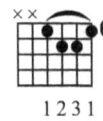

1 2 4   1 2 4 3   1 2 3 4   1 2 3 1

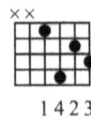 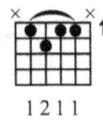 A#m ▸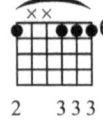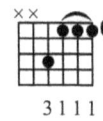

1 4 2 3   1 2 1 1   1 3 4 2 1   2 3 3 3   3 1 1 1

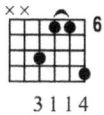
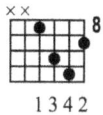
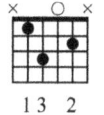
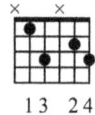

1 3 4 1 1 1 3 1 1 4 1 3 4 2 A#m⁶ 1 3 2 1 3 2 4

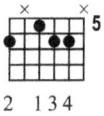
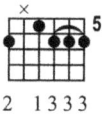
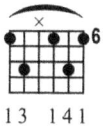
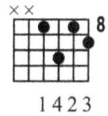
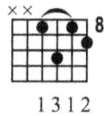
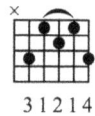

2 1 3 4 2 1 3 3 3 1 3 1 4 1 1 4 2 3 1 3 1 2 3 1 2 1 4

A#m⁷
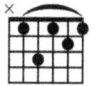
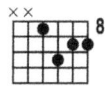

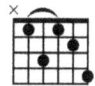

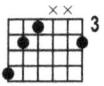
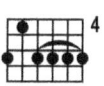
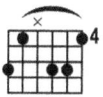
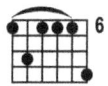
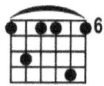
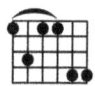

A#m⁷♭⁵
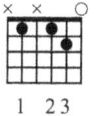
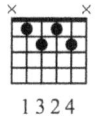
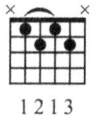
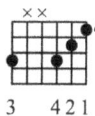

1 2 3 1 3 2 4 1 2 1 3 3 4 2 1

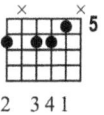
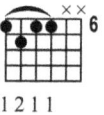

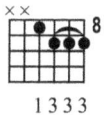

2 3 4 1 1 2 1 1 1 2 3 1 4 1 1 2 1 1 4 1 1 3 3 3

A#mᵐᵃʲ⁷
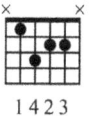
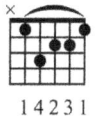
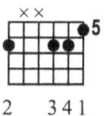
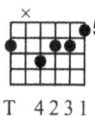

1 4 2 3 1 4 2 3 1 2 3 4 1 T 4 2 3 1

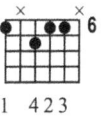

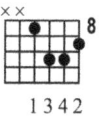
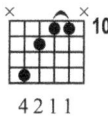
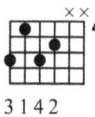

1 4 2 3 1 3 2 1 1 1 1 3 4 2 4 2 1 1 A#m⁹ 3 1 4 2

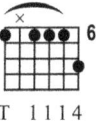

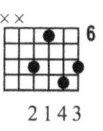
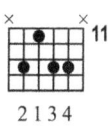
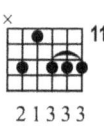

T 1 1 1 4 1 3 1 1 1 4 2 1 4 3 2 1 3 4 2 1 3 3 3

A#dim ▸

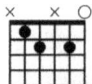
1 2　　3

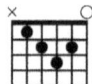
1 2 4 3

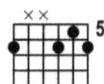
2　　3 1 4　5

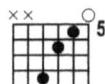
　4 2 1　5

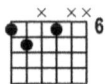
1 3　2　6

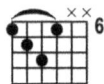
1 2 3 1　6

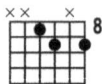
1 2　　3　8

A#dim⁷ ▸

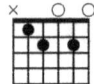
1 2　　3

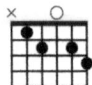
1 2　　3 4

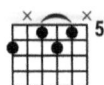
2　　1 3 1　5

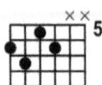
2 4 3 1　5

2 4 1 3 1　5

1 2 3 1 4 1　6

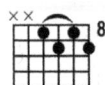
1 2 1 3　8

B

1333	12341	43111	3211	134211

| 13 4 | 1243 | 43121 | **B/D#** ▸ | 3111 | 31114 |

| 1 423 | 1432 | 2 134 | 1 243 | 1 2 4 | 4132 |

| 3124 | 143121 | **B/F#** ▸ | 112341 | 11333 | 2341 |

| 333 | 1114 | 34211 | 11243 | 231 |

Bsus² ▸

| 13411 | 2 134 | 1341 | 4112 |

Bsus⁴ ▸

| 23 1 | 134 | 12341 | 1334 |

| 11341 | 3411 | 13 411 | 113411 | 123411 | 1333 |

| 1344 | **B⁵** ▸ | 133 | 134 | 3 1 | 144 |

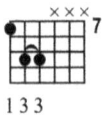 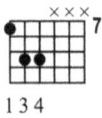 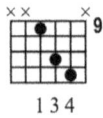 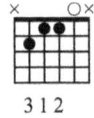 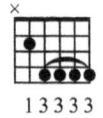 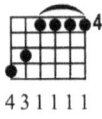

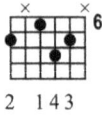 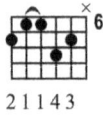 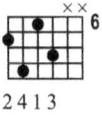  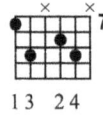 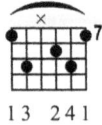

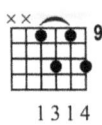 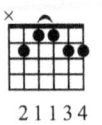 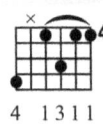 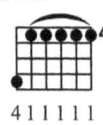 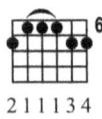 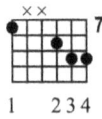

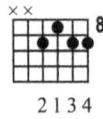 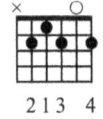  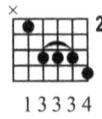 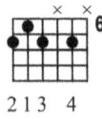 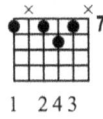

  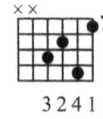 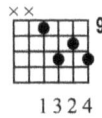 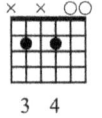 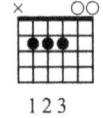

 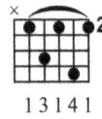 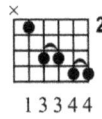  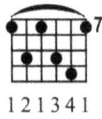 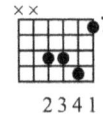

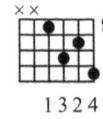 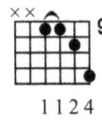 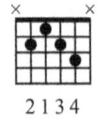 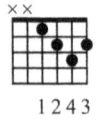 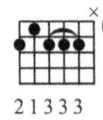 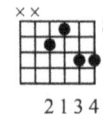

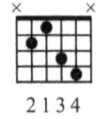 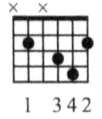  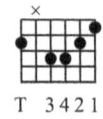

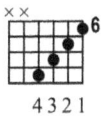
4 3 2 1

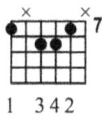
1 3 4 2

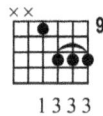
1 3 3 3

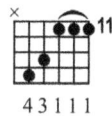
4 3 1 1 1

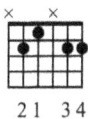
B^add9 ▸

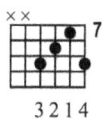
2 1 3 4

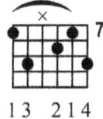
3 2 1 4

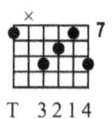
1 3 2 1 4

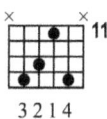
T 3 2 1 4

3 2 1 4

B^9 ▸

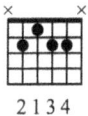
2 1 3 4

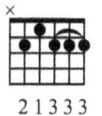
2 1 3 3 3

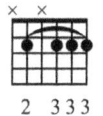
2 3 3 3

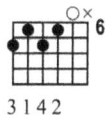
3 1 4 2

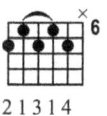
2 1 3 1 4

1 3 1 2 1 4

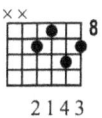
2 1 4 3

B^maj9 ▸

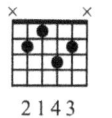
2 1 4 3

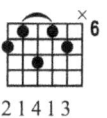
2 1 4 1 3

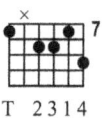
T 2 3 1 4

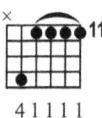
4 1 1 1 1

Baug ▸

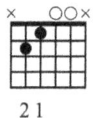
2 1

1 3 4 2

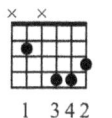
1 4 2 3

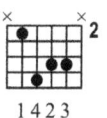
4 3 2 1 1

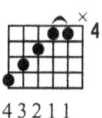
1 4 2 3

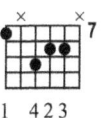
4 2 3 1

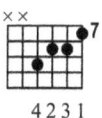
1 4 3 2

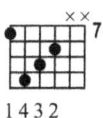
2 1 1 4

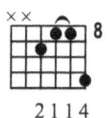
Baug^7 ▸

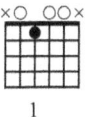
1

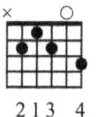
2 1 3 4

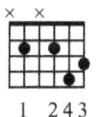
1 2 4 3

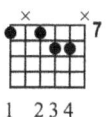
1 2 3 4

1 2 3 1

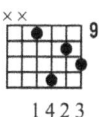
1 4 2 3

Bm ▸

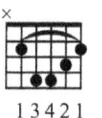
1 3 4 2 1

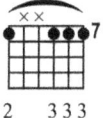
2 3 3 3

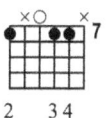
2 3 4

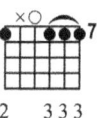
2 3 3 3

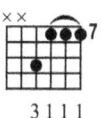
3 1 1 1

1 3 4 1 1 1

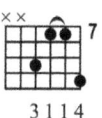
3 1 1 4

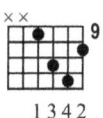
1 3 4 2

Bm^6 ▸

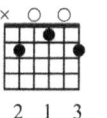
2 1 3

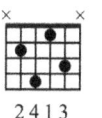
2 4 1 3

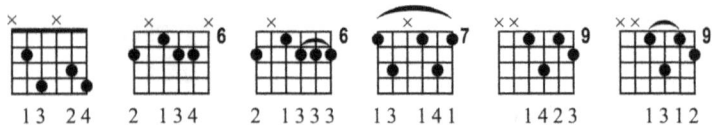

1 3 2 4   2 1 3 4   2 1 3 3 3   1 3 1 4 1   1 4 2 3   1 3 1 2

Bm7 ▸

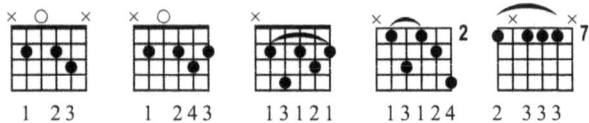

1 2 3   1 2 4 3   1 3 1 2 1   1 3 1 2 4   2 3 3 3

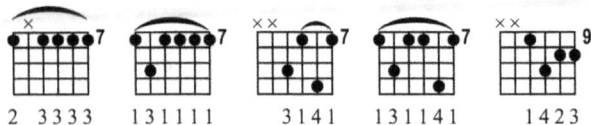

2 3 3 3 3   1 3 1 1 1 1   3 1 4 1   1 3 1 1 4 1   1 4 2 3

Bm7♭5 ▸

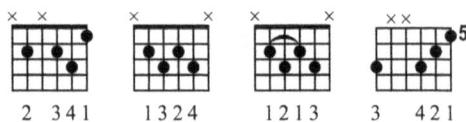

2 3 4 1   1 3 2 4   1 2 1 3   3   4 2 1

2 3 4 1   1 2 1 1   1 2 3 1 4 1   1 2 1 1 4 1   1 3 3 3

Bmmaj7 ▸

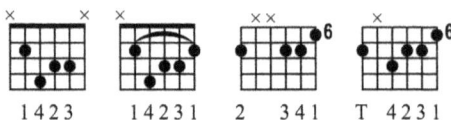

1 4 2 3   1 4 2 3 1   2   3 4 1   T 4 2 3 1

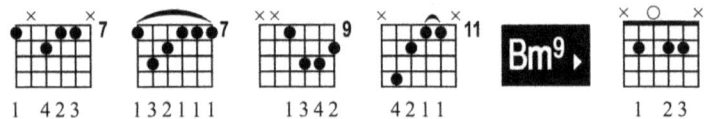

1 4 2 3   1 3 2 1 1 1   1 3 4 2   4 2 1 1   **Bm9** ▸   1 2 3

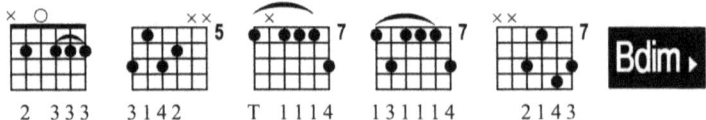

2 3 3 3   3 1 4 2   T 1 1 1 4   1 3 1 1 1 4   2 1 4 3   **Bdim** ▸

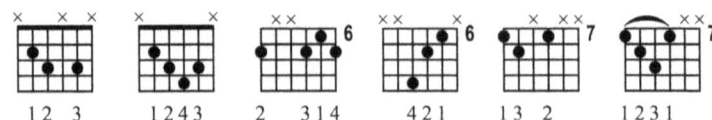

1 2 3   1 2 4 3   2   3 1 4   4 2 1   1 3 2   1 2 3 1

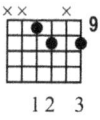

1 2　3

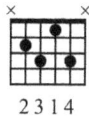

Bdim⁷ ▸

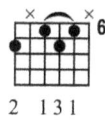

2 3 1 4

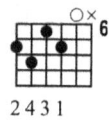

2　1 3 1

2 4 3 1

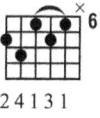

2 4 1 3 1

1 2 3 1 4 1

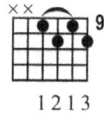

1 2 1 3

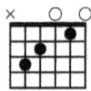 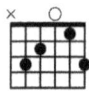 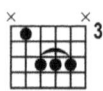 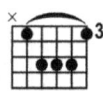 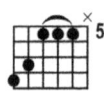

C

3 2 1   3 2 1 4   1 3 3 3   1 2 3 4 1   4 3 1 1 1

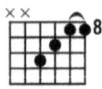 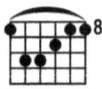 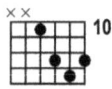  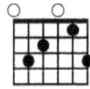

3 2 1 1   1 3 4 2 1 1   1 2 4 3   C/E ▸   3 2 1   3 2 1 4

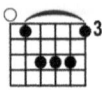 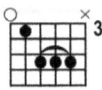 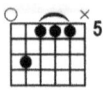 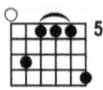 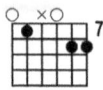 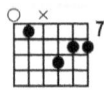

1 2 3 4 1   1 3 3 3   3 1 1 1   3 1 1 1 4   1   3 4   1 4 2 3

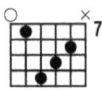 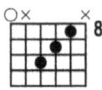 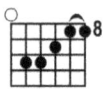 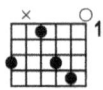 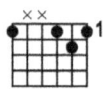 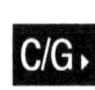

1 4 3 2   1 4 3   3 4 2 1 1   2 1 3 4   1   2 4 3   C/G ▸

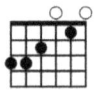 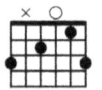 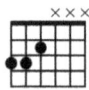 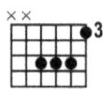 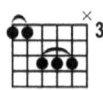 

3 4 2 1   3 2 1 4   2 3 1   2 3 4 1   1 1 3 3 3   1 1 2 3 4 1

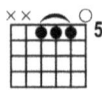 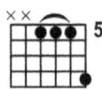 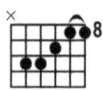 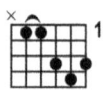 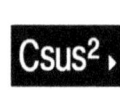

3 3 3   1 1 1 4   3 4 2 1 1   1 1 2 4 3   Csus² ▸

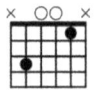 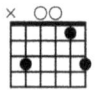 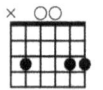 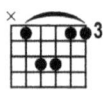 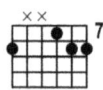 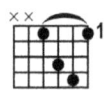

3 1   3 1 4   2   3 4   1 3 4 1 1   2   1 3 4   1 3 4 1

 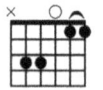 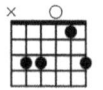 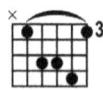 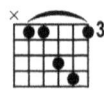

Csus⁴ ▸   3 4 1 1   2 3 1 4   1 2 3 4 1   1 1 3 4 1

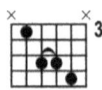 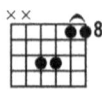 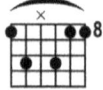 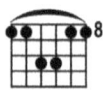  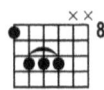

1 3 3 4   3 4 1 1   1 3   4 1 1   1 1 3 4 1 1   1 2 3 4 1 1   1 3 3 3

C5

C6

C6/9

C7

C7sus4

1 3 4 4 — 3 1 4 — 1 3 3 — 1 3 4 — 1 4 4

1 3 3 — 1 3 4 — 1 3 4 — 4 2 3 1 — 1 3 3 3 3

4 3 1 — 4 3 1 1 1 1 — 2 1 3 — 3 1 2 4 — 1 2 4 3 — 2 1 1 4 3

2 4 1 3 — 1 3 4 — 3 2 4 1 — 1 3 2 4 — 1 3 2 4 1 — 1 2 4

1 3 1 4 — 3 2 1 — 2 1 3 — 2 1 1 3 4 — 2 1 3 4

1 3 4 — 4 1 3 1 1 — 4 1 1 1 1 1 — 2 1 1 3 — 2 1 1 1 3

2 1 1 1 3 4 — 1 2 3 4 — 2 1 3 4 — 3 2 4 1 — 1 3 1 4 1

1 3 3 3 4 — 2 1 3 4 — 1 2 4 3 — 1 3 1 2 1 1 — 1 3 1 2 4 1 — 3 2 4 1

1 3 2 4 — 3 4 1 1 — 2 3 4 1 — 2 3 4 1 1

1 1 1 4 1   1 3 1 4 1   1 3 3 4 4   1 3 1 4 1 1   1 2 1 3 4 1   2 3 4 1

1 3 2 4   1 1 2 4   **C7#9**   2 1 3 4   1 2 4 3   2 1 3 3 3

2 1 3 4   **Cmaj7**   3 2   2 1 3 4   1 3 4

1 3 2   1 3 2 4 1   T 3 4 2 1   4 3 2 1   1 3 4 2   1 3 3 3

Cadd9   3 1   2 1 3   2 1 3 4   2 3

2 1 3   3 2 1 4   1 3 2 1 4   T 3 2 1 4   **C9**   2 3 3 3

2 1 3 4   2 1 3 3 3   2 3 1 4   2 1 3 1 4   1 3 1 2 1 4   2 1 4 3

Cmaj9   2 1 4 3   1   1 4 3 2   2 1

2 1 4 1 3   T 2 3 1 4   **Caug**   3 2 1 1   1 3 4 2   1 4 2 3

5   8   8   8   8   9

4 3 2 1 1   1   4 2 3   1   4 2 3   4 2 3 1   1 4 3 2   4 2 3

9

2 1 1 4   **Caug⁷** ▸   1 2 1 1   2 1 3   4   1   2 4 3

8   8   10   10   3

1   2 3 4   1 2 3 1   1 4 2   1 4 2 3   **Cm** ▸   1   3 2

3   8   8   8   8   10

1 3 4 2 1   2   3 3 3   3 1 1 1   1 3 4 1 1 1   3 1 1 4   1 3 4 2

Cm⁶ ▸   2   3   3   7

   3 1 2 1 4   2 4 1 3   1   3 4   1 3   2 4   2   1 3 4

7   8   10   10

2   1 3 3 3   1 3   1 4 1   1 4 2 3   1 3 1 2   **Cm⁷** ▸   2 1 3 4

   3   3   8   8   8

1   2 4 3   1 3 1 2 1   1 3 1 2 4   2   3 3 3   2   3 3 3 3   1 3 1 1 1 1

8   8   10

3 1 4 1   1 3 1 1 4 1   1 4 2 3   **Cm⁷ᵇ⁵** ▸   2   3 4 1

      6   7   8   8

1 3 2 4   1 2 1 3   3   4 2 1   2   3 4 1   1 2 1 1   1 2 3 1 4 1

 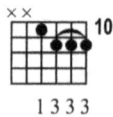 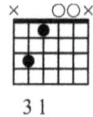

Cm maj7 ▸

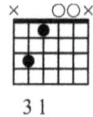 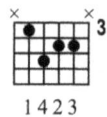

1 2 1 1 4 1   1 3 3 3   3 1   1 4 2 3

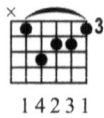 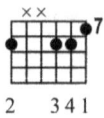 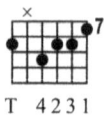 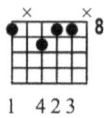 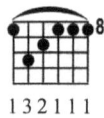 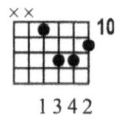

1 4 2 3 1   2   3 4 1   T   4 2 3 1   1   4 2 3   1 3 2 1 1 1   1 3 4 2

Cm9 ▸

 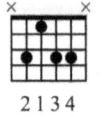 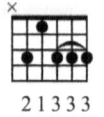 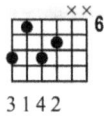 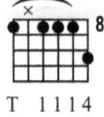 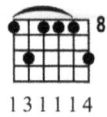

2 1 3 4   2 1 3 3 3   3 1 4 2   T   1 1 1 4   1 3 1 1 1 4

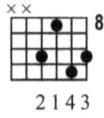 Cdim ▸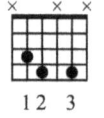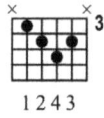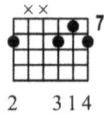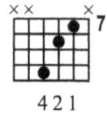

2 1 4 3   1 2   3   1 2 4 3   2   3 1 4   4 2 1

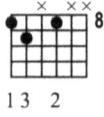 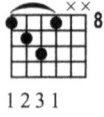 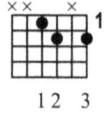 Cdim7 ▸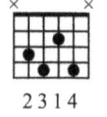

1 3   2   1 2 3 1   1 2   3   2 3 1 4

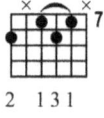 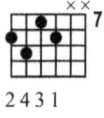 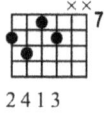 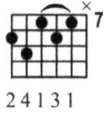  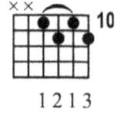

2   1 3 1   2 4 3 1   2 4 1 3   2 4 1 3 1   1 2 3 1 4 1   1 2 1 3

C# = Db

1 3 3 3	1 2 3 4 1	4 3 1 1 1
3 2 1 1	1 3 4 2 1 1	1 2 4 3
4 3 1 2 1		

C#/F ▸

1 2 4 3	

4 1 3 2	3 1 2 4	1 4 3 1 2 1
3 1 1 1	3 1 1 1 4	1 4 2 3
1 4 3 2	2 1 3 4	

C#/G# = Db/Ab ▸

2 3 1

2 3 4 1	1 1 3 3 3	1 1 2 3 4 1
3 3 3	1 1 1 4	3 4 2 1 1

1 1 2 4 3

C#sus² ▸

4 1 1 2	1 3 4 1 1
2 1 3 4	

1 3 4 1

C#sus⁴ ▸

2 3 1 4	1 2 3 4 1
1 1 3 4 1	

1 3 3 4	3 4 1 1	1 3 4 1 1
1 1 3 4 1 1	1 2 3 4 1 1	1 3 3 3

1 3 4 4

C#⁵ ▸

1 3 3	1 3 4	1 4 4
1 3 3		

9
134
11
134
C#6
4231
4
13333
6
431111
8
2 143
8
21143
8
2413
9
3241
9
13 24
9
13 241
11
1314
C#6/9
21134
6
4 1311
6
411111
8
211134
9
1 234
10
2134
C#7
3241
213 4
4
13141
4
13334
8
213 4
9
1 243
9
131211
9
131241
9
3241
11
1324
C#7sus4
3 4 1
3 411
2341
23411
4
11141
4
13141
4
13344
9
131411
9
121341
9
2341
11
1324
11
1124
C#7#9
3241
3
2134
3
1243
8
21333
10
213
10
2134

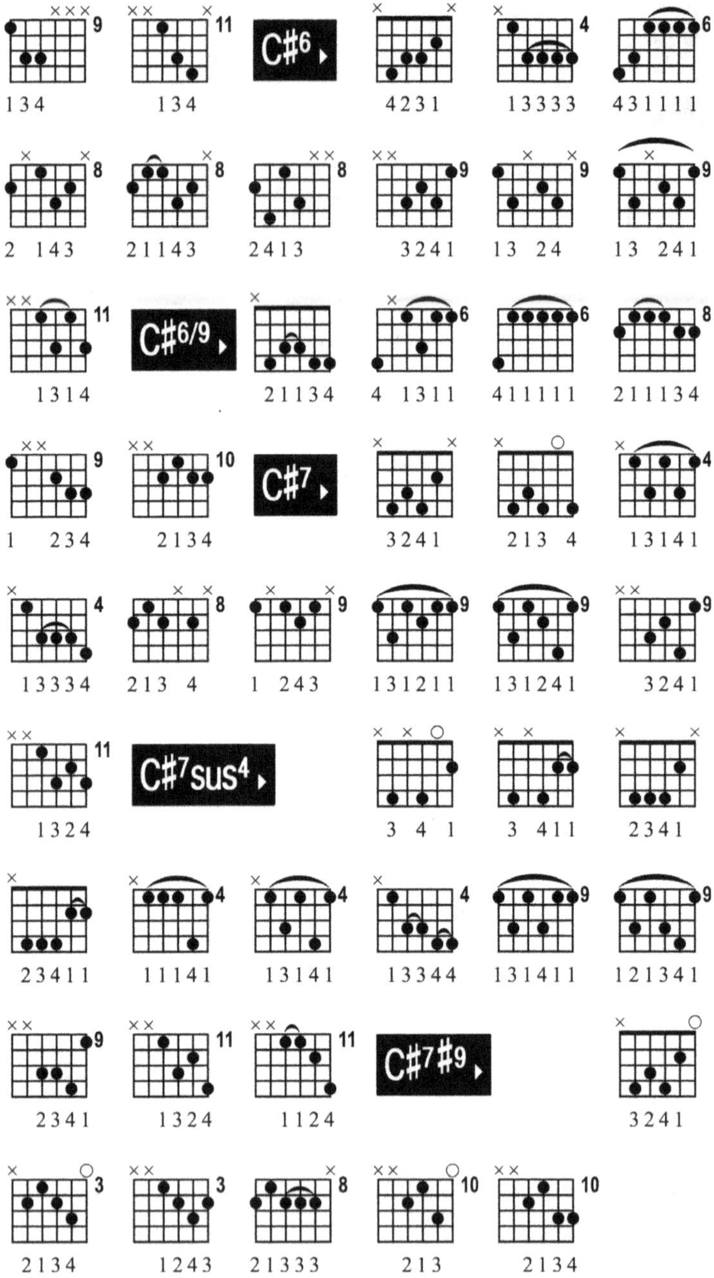

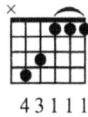 **C#maj7**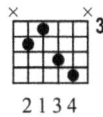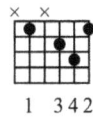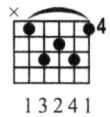

4 3 1 1 1   2 1 3 4   1 3 4 2   1 3 2 4 1

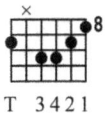 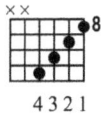 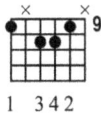 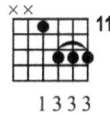 **C#add9**

T 3 4 2 1   4 3 2 1   1 3 4 2   1 3 3 3

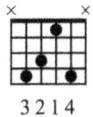 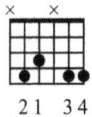 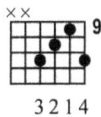 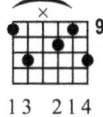 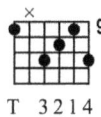 **C#9**

3 2 1 4   2 1 3 4   3 2 1 4   1 3 2 1 4   T 3 2 1 4

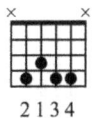 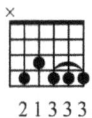 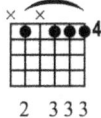 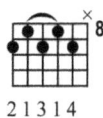  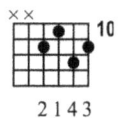

2 1 3 4   2 1 3 3 3   2 3 3 3   2 1 3 1 4   1 3 1 2 1 4   2 1 4 3

C#maj9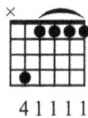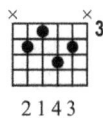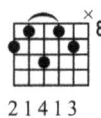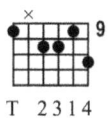

4 1 1 1 1   2 1 4 3   2 1 4 1 3   T 2 3 1 4

C#aug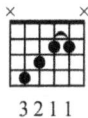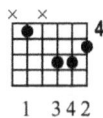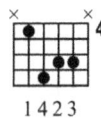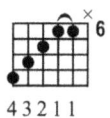

3 2 1 1   1 3 4 2   1 4 2 3   4 3 2 1 1

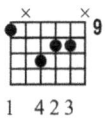 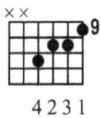 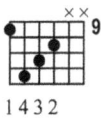 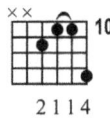 **C#aug7**

1 4 2 3   4 2 3 1   1 4 3 2   2 1 1 4

 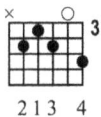 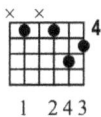 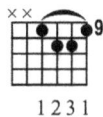 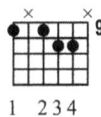 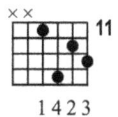

1 2 1 1   2 1 3 4   1 2 4 3   1 2 3 1   1 2 3 4   1 4 2 3

C#m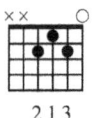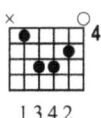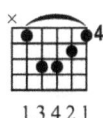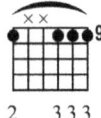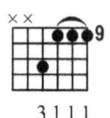

2 1 3   1 3 4 2   1 3 4 2 1   2 3 3 3   3 1 1 1

© 2014 by Bernd Bruemmer   31

 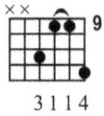 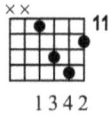  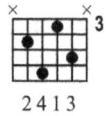

1 3 4 1 1 1   3 1 1 4   1 3 4 2   C#m⁶ ▸   3 1 2 1 4   2 4 1 3

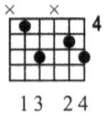 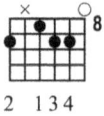 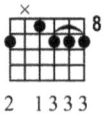 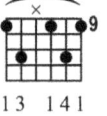 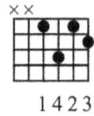 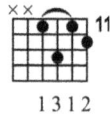

1 3   2 4   2 1 3 4   2 1 3 3 3   1 3   1 4 1   1 4 2 3   1 3 1 2

C#m⁷ ▸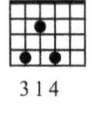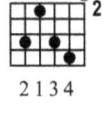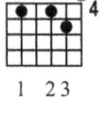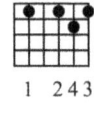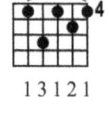

3 1 4   2 1 3 4   1   2 3   1   2 4 3   1 3 1 2 1

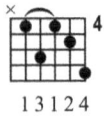 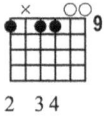 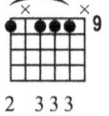 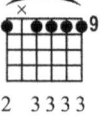  

1 3 1 2 4   2   3 4   2   3 3 3   2   3 3 3 3   1 3 1 1 1 1   3 1 4 1

 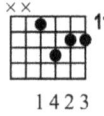 C#m⁷♭⁵ ▸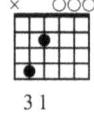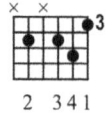

1 3 1 1 4 1   1 4 2 3   3 1   2   3 4 1

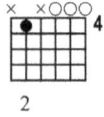 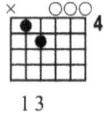 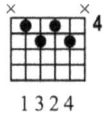 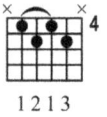 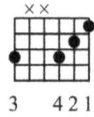 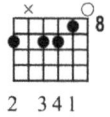

2   1 3   1 3 2 4   1 2 1 3   3   4 2 1   2   3 4 1

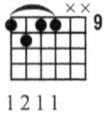   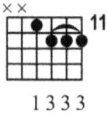 C#mᵐᵃʲ⁷ ▸

1 2 1 1   1 2 3 1 4 1   1 2 1 1 4 1   1 3 3 3

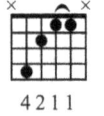 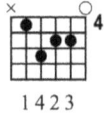 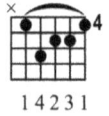 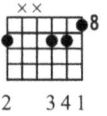 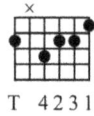 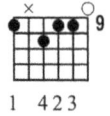

4 2 1 1   1 4 2 3   1 4 2 3 1   2   3 4 1   T   4 2 3 1   1   4 2 3

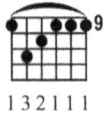 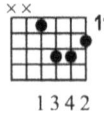 C#m⁹ ▸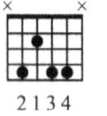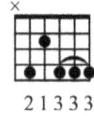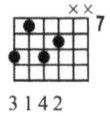

1 3 2 1 1 1   1 3 4 2   2 1 3 4   2 1 3 3 3   3 1 4 2

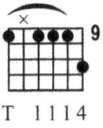
T 1 1 1 4

1 3 1 1 1 4

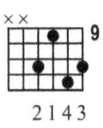
2 1 4 3

C#dim ▸

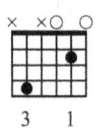
3   1

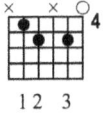
1 2   3

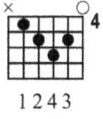
1 2 4 3

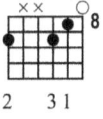
2   3 1

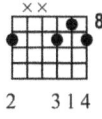
2   3 1 4

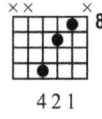
4 2 1

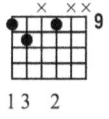
1 3   2

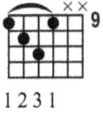
1 2 3 1

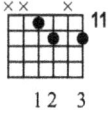
1 2   3

C#dim⁷ ▸

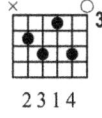
2 3 1 4

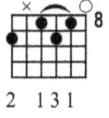
2   1 3 1

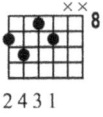
2 4 3 1

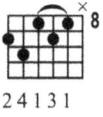
2 4 1 3 1

1 2 3 1 4 1

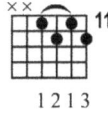
1 2 1 3

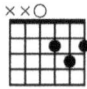 **D**

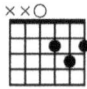
1 3 2

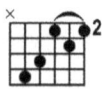
4 3 1 2 1

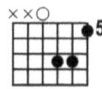
2 3 1

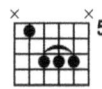
1 3 3 3

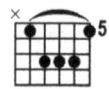
1 2 3 4 1

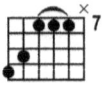
4 3 1 1 1

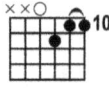
2 1 1

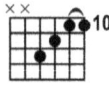
3 2 1 1

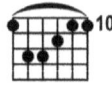
1 3 4 2 1 1

 **D/F#** ▶

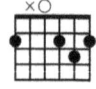
T   1 3 2

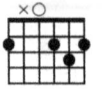
1   2 4 3

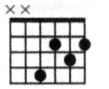
4 1 3 2

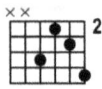
3 1 2 4

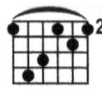
1 4 3 1 2 1

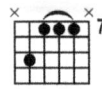
3 1 1 1

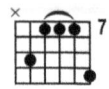
3 1 1 1 4

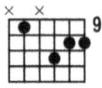
1   4 2 3

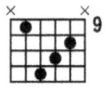
1 4 3 2

 **D/A** ▶

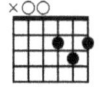
1 3 2

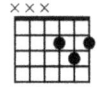
1 3 2

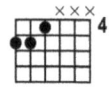
2 3 1

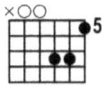
2 3 1

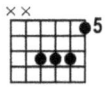
2 3 4 1

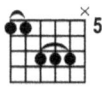
1 1 3 3 3

1 1 2 3 4 1

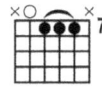
3 3 3

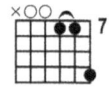
1 1 4

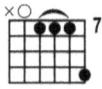
1 1 1 4

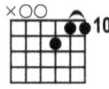
2 1 1

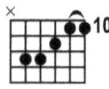
3 4 2 1 1

 **Dsus²** ▶

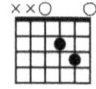
1 3

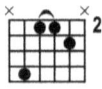
4 1 1 2

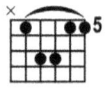
1 3 4 1 1

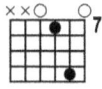
1 4

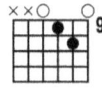
1 3

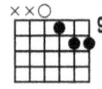
1 3 4

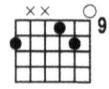
2   1 3

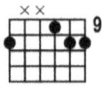
2   1 3 4

 **Dsus⁴** ▶

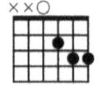
1 3 4

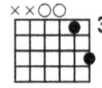
1 3

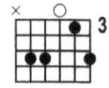
2 3   1 4

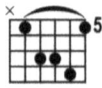
1 2 3 4 1

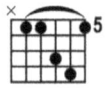
1 1 3 4 1

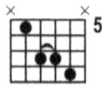
1 3 3 4

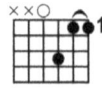
3 1 1

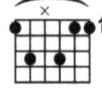
1 3   4 1 1

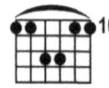
1 1 3 4 1 1

34

Row 1: 1 2 3 4 1 1 | 1 3 3 3 | **D⁵** ▶ | 1 2 | 1 2 4 | 1 3 3

Row 2: 1 3 4 | 1 4 4 | 1 3 3 | 1 3 4 | **D⁶** ▶ | 1 3

Row 3: 4 2 3 1 | 1 3 3 3 3 | 4 3 1 1 1 1 | 2 1 4 3 | 2 1 1 4 3 | 2 4 1 3

Row 4: 3 2 4 1 | 1 3 2 4 | 1 3 2 4 1 | **D⁶ᐟ⁹** ▶ | 2 1 1 3 4 | 4 1 3 1 1

Row 5: 4 1 1 1 1 1 | 2 1 1 1 3 4 | 1 2 3 4 | 2 1 | 2 1 3 4 | **D⁷** ▶

Row 6: 2 1 3 | 3 2 4 1 | 1 3 1 | 1 3 1 4 1 | 1 3 3 3 4 | 2 1 3 4

Row 7: 1 2 4 3 | 1 3 1 2 1 1 | 1 3 1 2 4 1 | 3 2 4 1 | **D⁷sus⁴** ▶

Row 8: 1 2 4 | 1 3 | 3 1 1 | 3 4 1 1 | 2 3 4 1 | 2 3 4 1 1

Row 9: 1 1 1 4 1 | 1 3 1 4 1 | 1 3 3 4 4 | 1 3 1 4 1 1 | 1 2 1 3 4 1 | 3 4 1

© 2014 by Bernd Bruemmer

D⁷♯⁹

2 3 4 1   2 1 3 4   1 2 4 3   2 1 3 3 3   1 3 3

Dmaj7

2 1 3 4   1 1 1   4 3 1 1 1   2 1 3 4   1 3 4 2

1 3 2 4 1   T 3 4 2 1   3 2 1   4 3 2 1   1 3 4 2   **Dadd9**

4 3 1 2   3 2 1 4   2 1 3 4   1 3 4   1 2 3 4   2 1

3 2 1   3 2 1 4   1 3 2 1 4   T 3 2 1 4   **D⁹**

3 2 4 1   2 1 3 4   2 1 3 3 3   2 3 3 3   1 3   2 1 3 1 4

1 3 1 2 1 4   1 3 2   2 1 4 3   **Dmaj9**   4 1 1 1 1   2 1 4 3

1 3 2 4   1 3   2 1 4 1 3   1 3 4 2   **Daug**   2 3 1

3 2 1 1   1 3 4 2   1 4 2 3   4 3 2 1 1   1 4 2 3   4 2 3 1

Daug^7 ▸

Dm ▸

Dm^6 ▸

Dm^7 ▸

Dm^7♭5 ▸

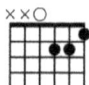 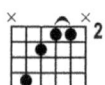 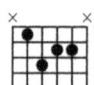 

2 3 1   4 2 1 1   1 4 2 3   1 4 2 3 1

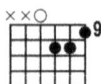 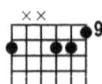 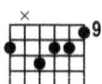 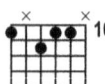 

2 3 1   2   3 4 1   T   4 2 3 1   1   4 2 3   1 3 2 1 1 1

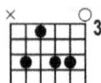 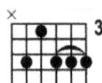 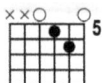  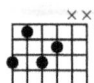 

2 1 3 4   2 1 3 3 3   1 2   1 4 2 3   3 1 4 2   T   1 1 1 4

 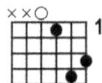 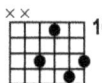 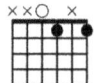 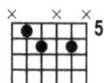

1 3 1 1 1 4   1 4 3   2 1 4 3   1   2   1 2   3

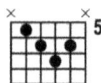 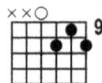 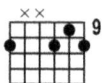 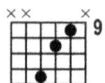 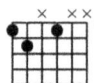 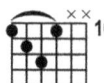

1 2 4 3   2 1 3   2   3 1 4   4 2 1   1 3   2   1 2 3 1

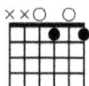 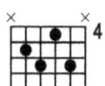 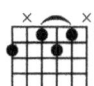 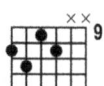

1   2   2 3 1 4   2   1 3 1   2 4 3 1

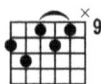 

2 4 1 3 1   1 2 3 1 4 1

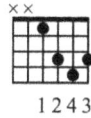

D# = E♭

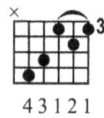
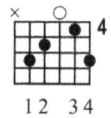

1 2 4 3   4 3 1 2 1   1 2   3 4

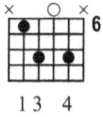
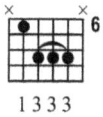
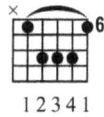
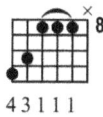
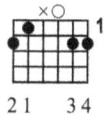
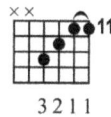

1 3   4   1 3 3 3   1 2 3 4 1   4 3 1 1 1   2 1   3 4   3 2 1 1

D#/G ▸

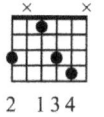
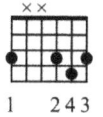
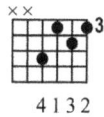
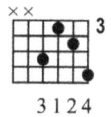

1 3 4 2 1 1   2   1 3 4   1   2 4 3   4 1 3 2   3 1 2 4

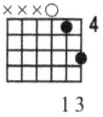
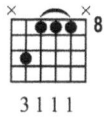
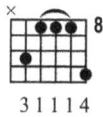
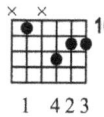
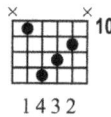

1 4 3 1 2 1   1 3   3 1 1 1   3 1 1 1 4   1   4 2 3   1 4 3 2

D#/A# = E♭/B♭ ▸

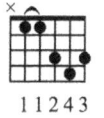
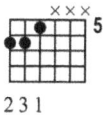
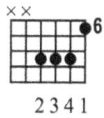

1 1 2 4 3   2 3 1   2 3 4 1   1 1 3 3 3

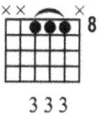
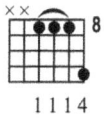
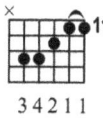

1 1 2 3 4 1   3 3 3   1 1 1 4   3 4 2 1 1

D#sus² ▸

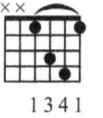
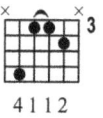

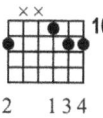

1 3 4 1   4 1 1 2   1 3 4 1 1   2   1 3 4

D#sus⁴ ▸

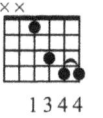
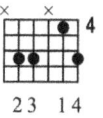
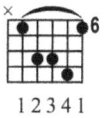
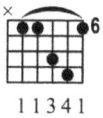
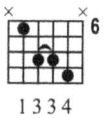
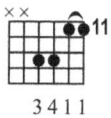

1 3 4 4   2 3   1 4   1 2 3 4 1   1 1 3 4 1   1 3 3 4   3 4 1 1

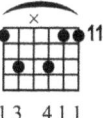

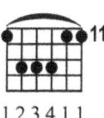
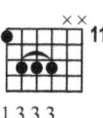

D#⁵ ▸

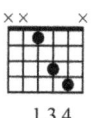

1 3   4 1 1   1 1 3 4 1 1   1 2 3 4 1 1   1 3 3 3   1 3 4

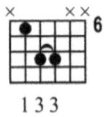
1 3 3

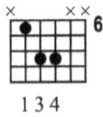
1 3 4

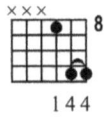
1 4 4

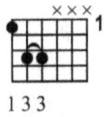
1 3 3

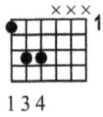
1 3 4

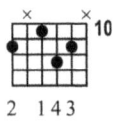
D#⁶ ▸

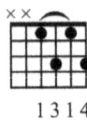
1 3 1 4

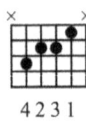
4 2 3 1

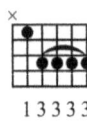
1 3 3 3 3

4 3 1 1 1 1

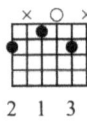
2 1 3

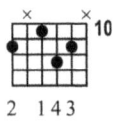
2 1 4 3

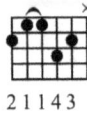
2 1 1 4 3

2 4 1 3

3 2 4 1

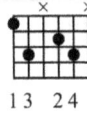
1 3   2 4

1 3   2 4 1

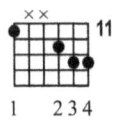
D#⁶ᐟ⁹ ▸

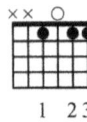
1   2 3

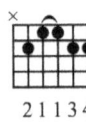
2 1 1 3 4

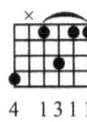
4   1 3 1 1

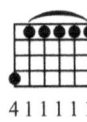
4 1 1 1 1 1

2 1 1 1 3 4

1   2 3 4

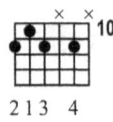
D#⁷ ▸

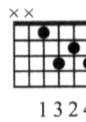
1 3 2 4

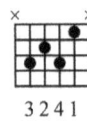
3 2 4 1

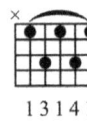
1 3 1 4 1

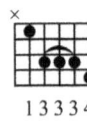
1 3 3 3 4

2 1 3   4

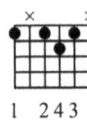
1   2 4 3

1 3 1 2 1 1

1 3 1 2 4 1

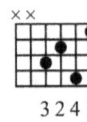
3 2 4 1

D#⁷sus⁴ ▸

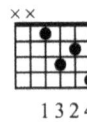
1 3 2 4

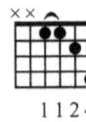
1 1 2 4

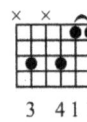
3   4 1 1

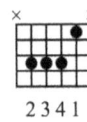
2 3 4 1

2 3 4 1 1

1 3 1 4 1

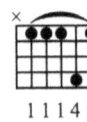
1 1 1 4 1

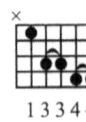
1 3 3 4 4

1 3 1 4 1 1

1 2 1 3 4 1

2 3 4 1

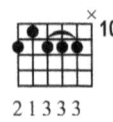
D#⁷#⁹ ▸

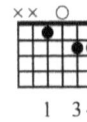
1   3 4

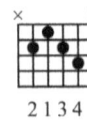
2 1 3 4

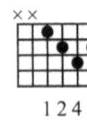
1 2 4 3

2 1 3 3 3

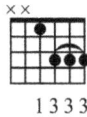
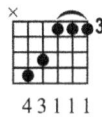
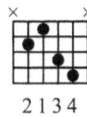
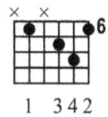

1 3 3 3   4 3 1 1 1   2 1 3 4   1   3 4 2

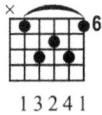
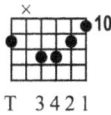
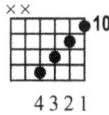
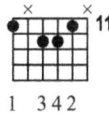

1 3 2 4 1   T   3 4 2 1   4 3 2 1   1   3 4 2

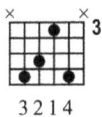
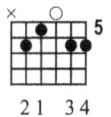
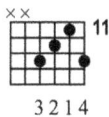
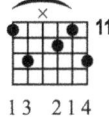
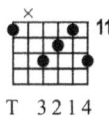

3 2 1 4   2 1   3 4   3 2 1 4   1 3   2 1 4   T   3 2 1 4

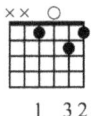
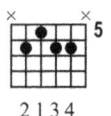
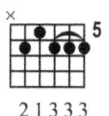
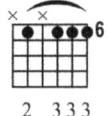
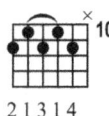

1   3 2   2 1 3 4   2 1 3 3 3   2   3 3 3   2 1 3 1 4   1 3 1 2 1 4

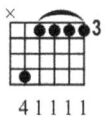
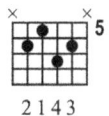
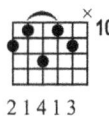
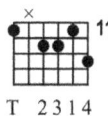

4 1 1 1 1   2 1 4 3   2 1 4 1 3   T   2 3 1 4

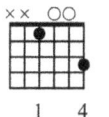
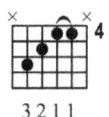
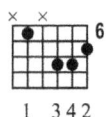
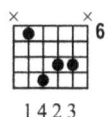

1   4   3 2 1 1   1   3 4 2   1 4 2 3

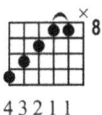
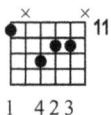
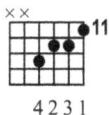
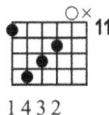

4 3 2 1 1   1   4 2 3   4 2 3 1   1 4 3 2

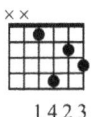
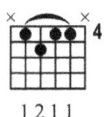
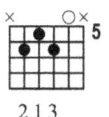
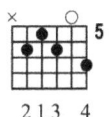
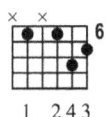
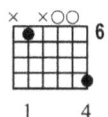

1 4 2 3   1 2 1 1   2 1 3   2 1 3   4   1   2 4 3   1   4

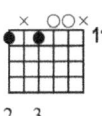
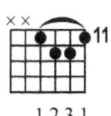
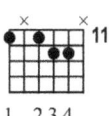
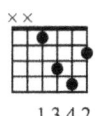
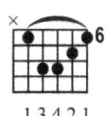

2   3   1 2 3 1   1   2 3 4   1 3 4 2   1 3 4 2 1

41

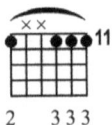 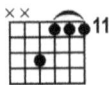  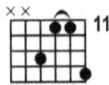 D#m⁶

2   3 3 3   3 1 1 1   1 3 4 1 1 1   3 1 1 4

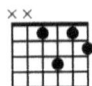 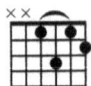 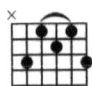 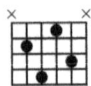 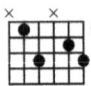 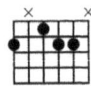

1 4 2 3   1 3 1 2   3 1 2 1 4   2 4 1 3   1 3   2 4   2   1 3 4

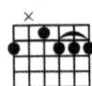 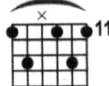 D#m⁷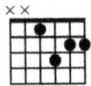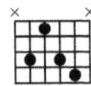

2   1 3 3 3   1 3   1 4 1   1 4 2 3   2 1 3 4

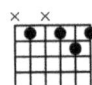 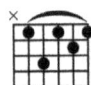 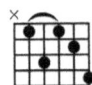  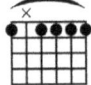 

1   2 4 3   1 3 1 2 1   1 3 1 2 4   2   3 3 3   2   3 3 3 3   1 3 1 1 1 1

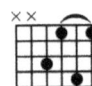  D#m⁷ᵇ⁵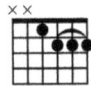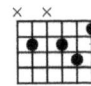

3 1 4 1   1 3 1 1 4 1   1 3 3 3   2   3 4 1

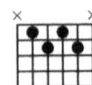  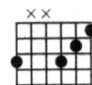 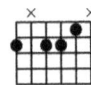 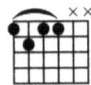 

1 3 2 4   1 2 1 3   3   4 2 1   2   3 4 1   1 2 1 1   1 2 3 1 4 1

 D#mᵐᵃʲ⁷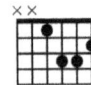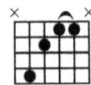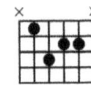

1 2 1 1 4 1   1 3 4 2   4 2 1 1   1 4 2 3

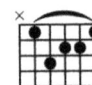 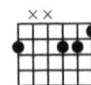 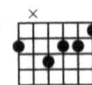 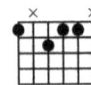 

1 4 2 3 1   2   3 4 1   T   4 2 3 1   1   4 2 3   1 3 2 1 1 1

D#m⁹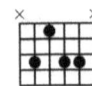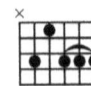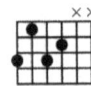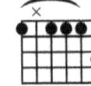

2 1 3 4   2 1 3 3 3   3 1 4 2   T   1 1 1 4

1 3 1 1 1 4

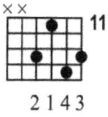
2 1 4 3

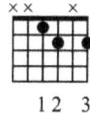

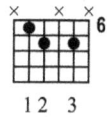
1 2   3

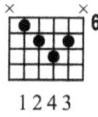
1 2 4 3

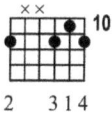
1 2   3

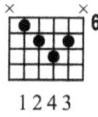
1 2 4 3

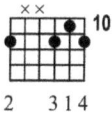
2   3 1 4

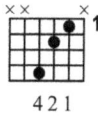
4 2 1

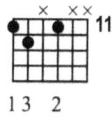
1 3   2

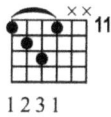
1 2 3 1

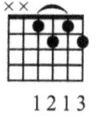
D#dim⁷ ▸

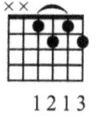
1 2 1 3

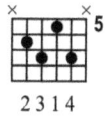
2 3 1 4

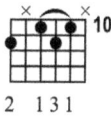
2   1 3 1

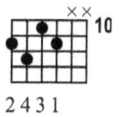
2 4 3 1

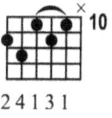
2 4 1 3 1

1 2 3 1 4 1

43

E

2 3 1   1 3   3   1 2 4 3   4 3 1   4 3 1 2 1

1 3 3 3   1 2 3 4   1 2 3 4 1   3 1 1 1   4 3 1 1 1   1 4 3 2

E/G#

3   1 4   2   1 3 4   1   2 4 3   3 1   4 1 3 2

3 1 2 4   1 4 3 1 2 1   3 1 1 1   3 1 1 1 4   1   4 2 3   1 4 3 2

E/B

2 3 1   1 1 2 4 3   2 3 1   2 3 1   2 3 4 1

1 1 3 3 3   1 1 2 3 4 1   2 3 4   3 3 3   1 1 1 4

Esus²

1 3 4   1 2 3 4   1 3 4 1   4 1 1 2

1 3 4 1 1   1 1 3   1 1 3 4 4   2   1   2   1 3 4

Esus⁴

2 3   2   3   2 3 4   1 3

44

© 2014 by Bernd Bruemmer

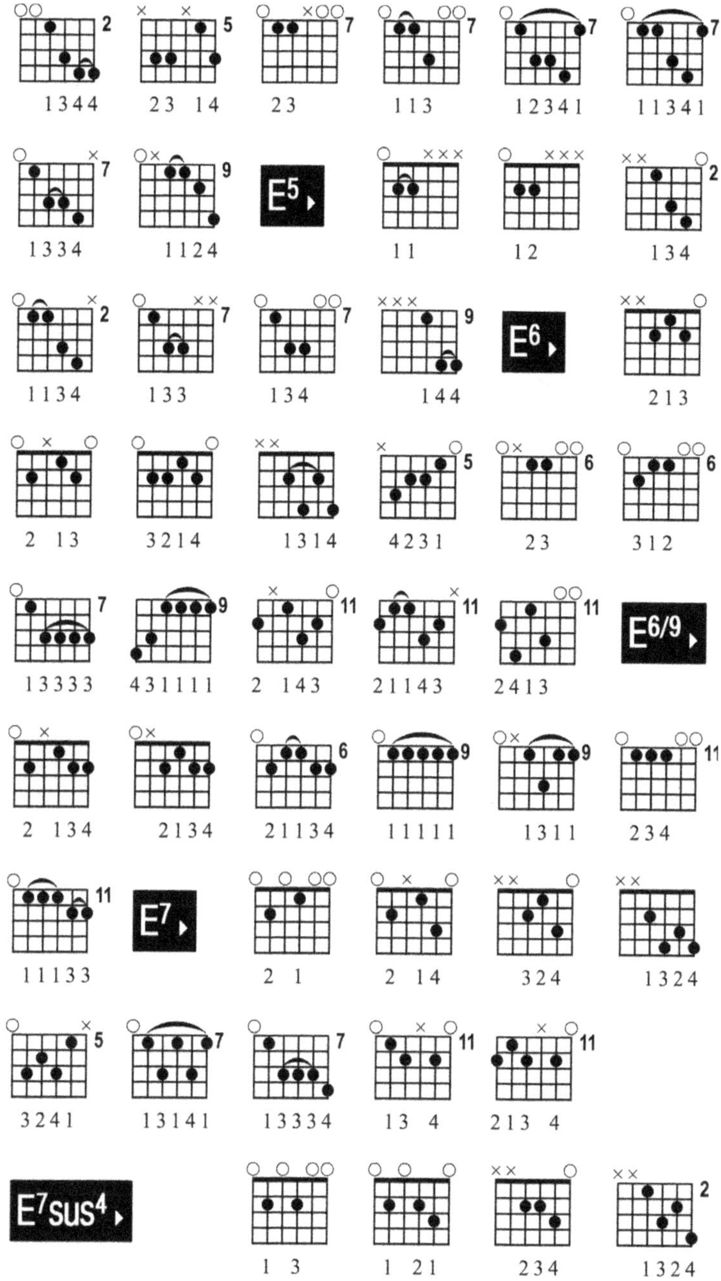
1344
23 14
23
113
12341
11341
1334
1124
E5
11
12
134
1134
133
134
144
E6
213
2 13
3214
1314
4231
23
312
13333
431111
2 143
21143
2413
E6/9
2 134
2134
21134
11111
1311
234
11133
E7
2 1
2 14
324
1324
3241
13141
13334
13 4
213 4
E7sus4
1 3
1 21
234
1324

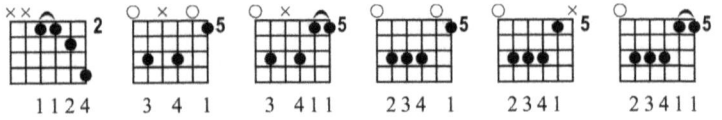

1 1 2 4 3 4 1 3 4 1 1 2 3 4 1 2 3 4 1 2 3 4 1 1

1 1 1 4 1 1 3 1 4 1 1 3 3 4 4 E⁷#⁹ 2 1 4 2 1 3 4

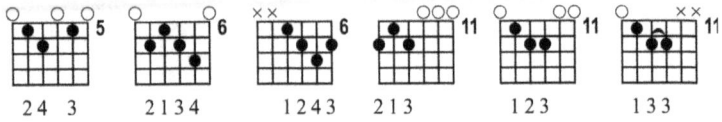

2 4 3 2 1 3 4 1 2 4 3 2 1 3 1 2 3 1 3 3

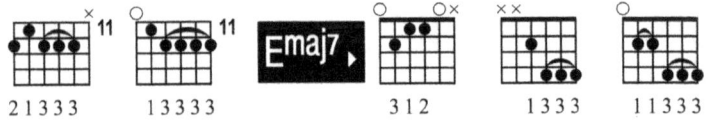

2 1 3 3 3 1 3 3 3 3 Eᵐᵃʲ⁷ 3 1 2 1 3 3 3 1 1 3 3 3

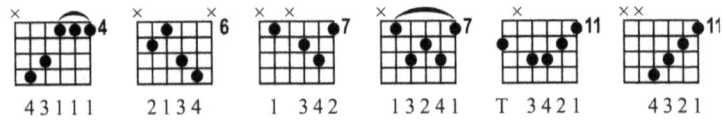

4 3 1 1 1 2 1 3 4 1 3 4 2 1 3 2 4 1 T 3 4 2 1 4 3 2 1

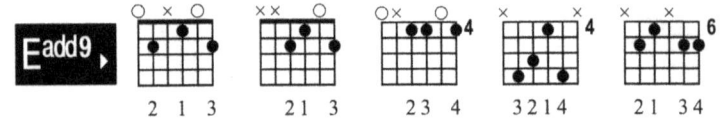

Eᵃᵈᵈ⁹ 2 1 3 2 1 3 2 3 4 3 2 1 4 2 1 3 4

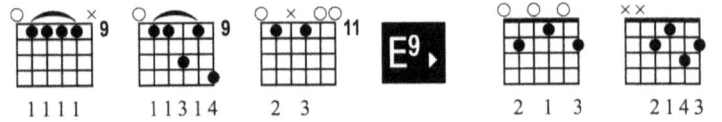

1 1 1 1 1 1 3 1 4 2 3 E⁹ 2 1 3 2 1 4 3

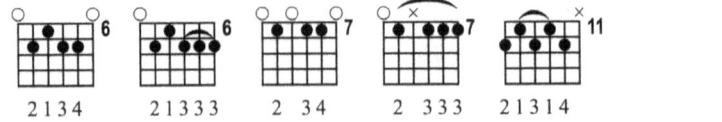

2 1 3 4 2 1 3 3 3 2 3 4 2 3 3 3 2 1 3 1 4

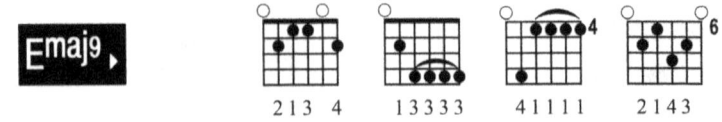

Eᵐᵃʲ⁹ 2 1 3 4 1 3 3 3 3 4 1 1 1 1 2 1 4 3

Eaug

Eaug⁷

Em

Em⁶

Em⁷

413   21413   143   312   2114

3211   1 342   1423   43211

12   12   1423   1211   1211   213 4

1 243   1234   12   23   12 3

14 3   1342   1 32   13   13 2   1342

13421   4231   423   21144   2 3

1 23   1423   1312   2   23   31214

2413   13 24   23   12333   234   2 134

2 1333   1   1 3   3 1   12 3

1 2 3 4   1 4 2 3   2 1 3 4 **5**   1 2 4 3 **7**   1 3 1 2 1 **7**   1 3 1 2 4 **7**

2 3 1 4 **8**   **Em⁷♭5 ▸**   1   1   4   1 2 3

1 3 3 3   2 3 4 1 **6**   1 3 2 4 **7**   1 2 1 3 **7**   3   4 2 1 **10**   1 3 4 2 **10**

1 3 4 2 1 **10**   2 3 4 1 **11**   4 2 3 1 **11**   **Em^maj7 ▸**   1

2 1   1 3 4 2   2 1 1 **4**   4 2 1 1 **4**   1 4 2 3 **7**   1 4 2 3 1 **7**

2 3 1 **11**   T 4 2 3 1 **11**   **Em⁹ ▸**   2 3   1 3 2   1 2 4 3

1 4 3   2 1 3 4 **5**   2 1 3 3 3 **5**   1 3 **10**   1 3 2 **10**   1 2 3 4 **10**

3 1 4 2 **10**   **Edim ▸**   1 3   1 2 3   1 2 3 **7**   1 2 4 3 **7**

2 3 1 **11**   2 3 1 4 **11**   4 2 1 **11**   **Edim⁷ ▸**   1 2 3

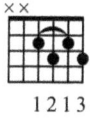

1 2 1 3

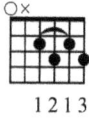

1 2 1 3

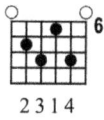

2 3 1 4

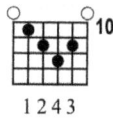

1 2 4 3

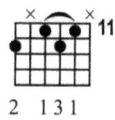

2   1 3 1

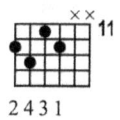

2 4 3 1

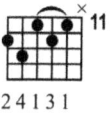

2 4 1 3 1

F

3 2 1 1	1 3 4 2 1 1	T 3 2 1	1 2 4 3	4 3 1 2 1
1 3 3 3 ⁸	1 2 3 4 1 ⁸	4 3 1 1 1 ¹⁰	**F/A ▸**	3 2 1 1	1 2 4 3 ³
2 1 3 4 ³	1 3 2 ⁵	1 2 4 3 ⁵	4 1 3 2 ⁵	3 1 2 4 ⁵	1 4 3 1 2 1 ⁵
3 3 3 ¹⁰	3 1 1 1 ¹⁰	1 1 1 4 ¹⁰	1 1 4 4 ¹⁰	3 1 1 1 4 ¹⁰	**F/C ▸**
3 4 2 1 1	1 1 2 4 3 ³	2 3 1 ⁷	2 3 4 1 ⁸	1 1 3 3 3 ⁸	1 1 2 3 4 1 ⁸
3 3 3 ¹⁰	1 1 1 4 ¹⁰	**Fsus² ▸**		2 3 4	3 1 1
1 3 4 1 ³	4 1 1 2 ⁵	2 1 3 ⁶	1 3 4 1 1 ⁸	**Fsus⁴ ▸**	
3 4 1 1	1 3 4 1 1	1 2 3 4 1 1	1 1 3 4 1 1	1 3 3 3	1 3 4 4 ³
2 3 1 4 ⁶	1 3 3 4 ⁸	1 2 3 4 1 ⁸	1 1 3 4 1 ⁸	**F⁵ ▸**	1 3 3

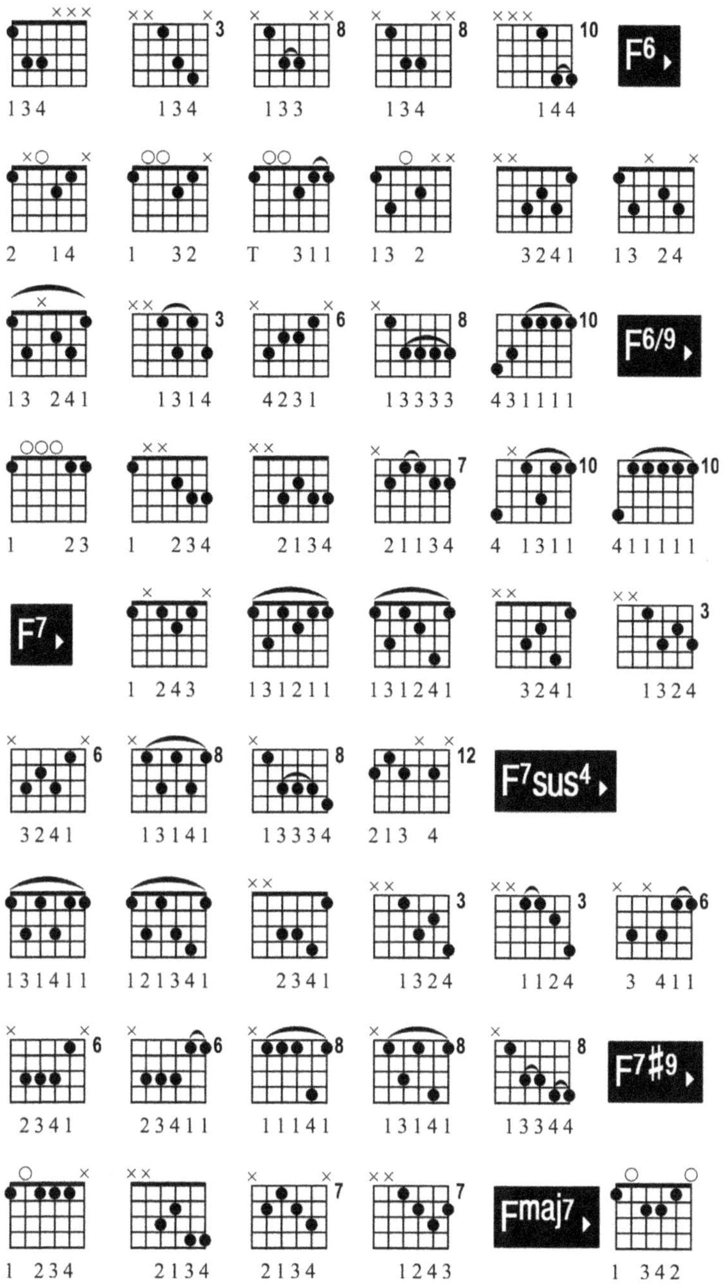
F6
F6/9
F7
F7sus4
F7#9
Fmaj7

T 2 3 1 3 2 1 1 3 3 3 4 3 1 1 1 2 1 3 4 1 3 4 2

1 3 2 4 1 **Fadd9** 1 3 3 2 1 4 T 3 2 1 4 1 3 2 1 4

3 2 1 4 2 1 3 4 **F9** 1 2 3 1 2 3 4 1 2 3 4

1 3 1 2 1 4 2 1 4 3 1 3 4 2 1 3 4 2 1 3 3 3 2 3 3 3

Fmaj9 1 3 2 T 2 3 1 4 4 1 1 1 1 2 1 4 3 **Faug**

4 2 3 1 1 4 2 3 1 4 3 2 2 1 1 4 3 2 1 1 1 3 4 2

4 3 2 1 1 1 4 2 3 **Faug7** 1 2 3 1 1 2 3 4

1 4 2 3 1 2 1 1 2 1 3 4 1 2 4 3 **Fm** 2 3 3 3

3 1 1 1 1 3 4 1 1 1 3 1 1 4 1 3 4 2 1 3 4 2 1

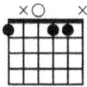 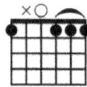 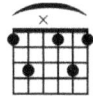 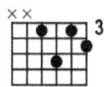 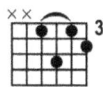

Fm⁶

1 2 3 | 2 3 3 3 | 1 3 1 4 1 | 1 4 2 3 | 1 3 1 2

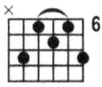 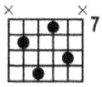 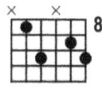 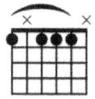 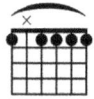

Fm⁷

3 1 2 1 4 | 2 4 1 3 | 1 3 2 4 | 2 3 3 3 | 2 3 3 3 3

 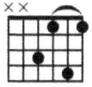 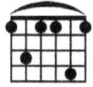 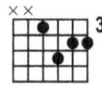 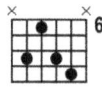 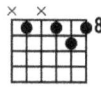

1 3 1 1 1 1 | 3 1 4 1 | 1 3 1 1 4 1 | 1 4 2 3 | 2 1 3 4 | 1 2 4 3

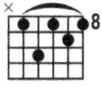 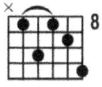 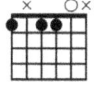 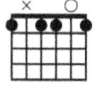

Fm⁷♭5

1 3 1 2 1 | 1 3 1 2 4 | 1 2 3 | 1 2 3 4

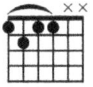 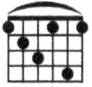 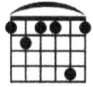 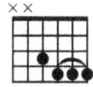 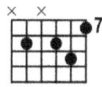 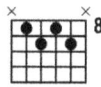

1 2 1 1 | 1 2 3 1 4 1 | 1 2 1 1 4 1 | 1 3 3 3 | 2 3 4 1 | 1 3 2 4

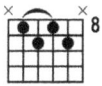 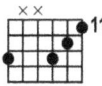 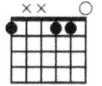 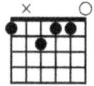

Fmᵐᵃʲ⁷

1 2 1 3 | 3   4 2 1 | 2   3 1 | 1 4 2 3

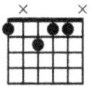  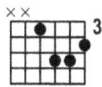 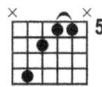 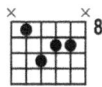 

T 3 1 2 | 1 3 2 1 1 1 1 | 1 3 4 2 | 4 2 1 1 | 1 4 2 3 | 1 4 2 3 1

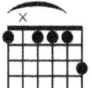  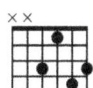 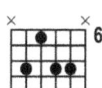 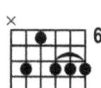

Fm⁹

T 1 1 1 4 | 1 3 1 1 1 4 | 2 1 4 3 | 2 1 3 4 | 2 1 3 3 3

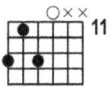 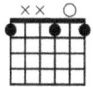 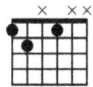 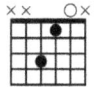 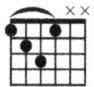

Fdim

3 1 4 | 1   2 3 | 1 3 2 | 3 1 | 1 2 3 1

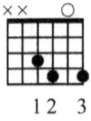
1 2 3

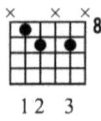
1 2 3

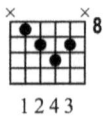
1 2 4 3

Fdim⁷ ▶

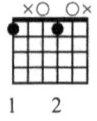
1   2

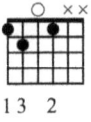
1 3   2

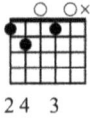
2 4   3

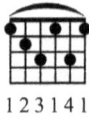
1 2 3 1 4 1

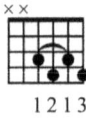
1 2 1 3

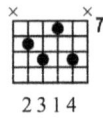
2 3 1 4

F♯ = G♭

3 2 1 1   1 3 4 2 1 1   1 2 4 3

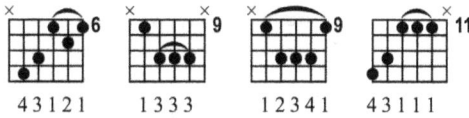

4 3 1 2 1   1 3 3 3   1 2 3 4 1   4 3 1 1 1

F♯/A♯ = G♭/B♭ ▸

1   4 2 3   1 4 3 2   2 1 3 4   1   2 4 3   4 1 3 2   3 1 2 4

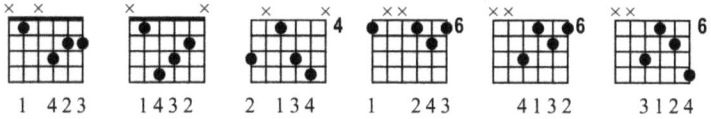

1 4 3 1 2 1   3 1 1 1   3 1 1 1 4   **F♯/C♯ = G♭/D♭ ▸**   3 4 2 1 1

1 1 2 4 3   2 3 1   2 3 4 1   1 1 3 3 3   1 1 2 3 4 1   3 3 3

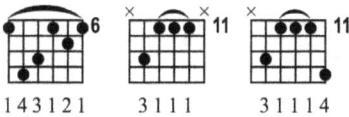

1 1 1 4   **F♯sus² ▸**   2   1 3 4   1 3 4 1   4 1 1 2

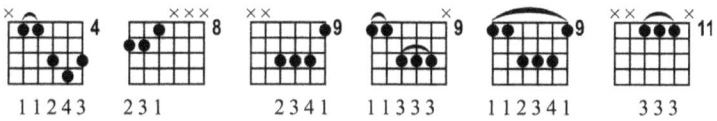

1 3 4 1 1   **F♯sus⁴ ▸**   3 4 1 1   1 3   4 1 1   1 1 3 4 1 1

1 2 3 4 1 1   1 3 3 3   1 3 4 4   2 3   1 4   1 3 3   1 2 3 4 1

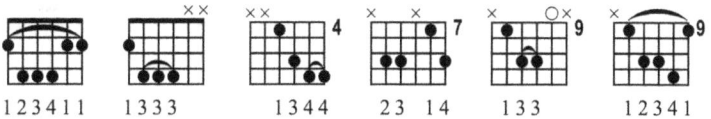

1 1 3 4 1   1 3 3 4   **F♯⁵ ▸**   1 3 3   1 3 4   1 3 4

Row 1:
- 9 1 3 3
- 9 1 3 4
- 11 1 4 4
- F#6 ▶
- 2 1 4 3
- 2 1 1 4 3

Row 2:
- 2 4 1 3
- 3 2 4 1
- 1 3 2 4
- 1 3 2 4 1
- 4 1 3 1 4
- 7 4 2 3 1

Row 3:
- 9 1 3 3 3 3
- 11 4 3 1 1 1 1
- F#6/9 ▶
- 2 1 1 1 3 4
- 1 2 3 4
- 2 1 3 4

Row 4:
- 8 2 1 1 3 4
- 11 4 1 3 1 1
- 11 4 1 1 1 1 1
- F#7 ▶
- 2 1 3 4
- 1 2 4 3

Row 5:
- 3 2 1
- 1 3 1 2 1 1
- 2 1 3 1 2 4 1
- 2 3 2 4 1
- 4 1 3 2 4
- 7 3 2 4 1

Row 6:
- 9 1 3 1 4
- 9 1 3 1 4 1
- 9 1 3 3 3 4
- F#7sus4 ▶
- 1 3 1 4

Row 7:
- 1 2 3 4
- 1 3 1 4 1 1
- 2 1 2 1 3 4 1
- 2 2 3 4 1
- 4 2 3
- 4 1 3 2 4

Row 8:
- 4 1 1 2 4
- 7 3 4 1 1
- 7 2 3 4 1
- 7 2 3 4 1 1
- 9 1 3 4
- 9 1 1 1 4 1

Row 9:
- 9 1 3 1 4 1
- 9 1 3 3 4 4
- F#7#9 ▶
- 2 1 3 3 3
- 3 2 1 3 4

56

© 2014 by Bernd Bruemmer

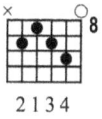
2 1 3 4

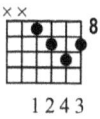
1 2 4 3

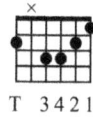
F#maj7 ▸

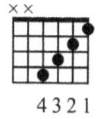
T 3 4 2 1

4 3 2 1

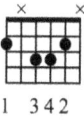
1 3 4 2

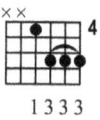
1 3 3 3

4 3 1 1 1

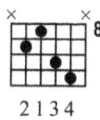
2 1 3 4

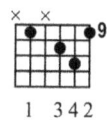
1 3 4 2

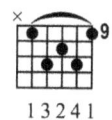
1 3 2 4 1

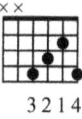
F#add9 ▸

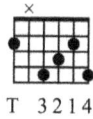
3 2 1 4

T 3 2 1 4

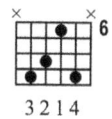
1 3 2 1 4

3 2 1 4

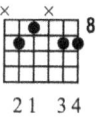
2 1 3 4

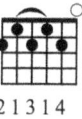
F#9 ▸

2 1 3 1 4

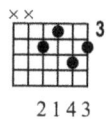
1 3 1 2 1 4

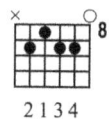
2 1 4 3

2 1 3 4

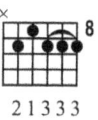
2 1 3 3 3

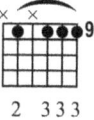
2 3 3 3

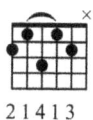
F#maj9 ▸

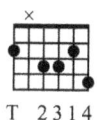
2 1 4 1 3

T 2 3 1 4

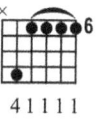
4 1 1 1 1

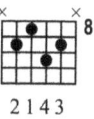
2 1 4 3

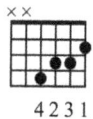
F#aug ▸

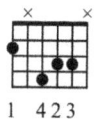
4 2 3 1

1 4 2 3

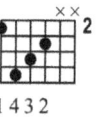
1 4 3 2

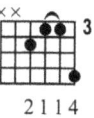
2 1 1 4

3 2 1 1

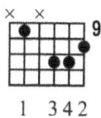
1 3 4 2

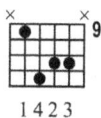
1 4 2 3

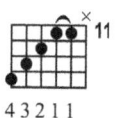
4 3 2 1 1

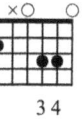
F#aug7 ▸

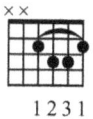
1 3 4

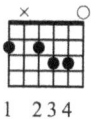
1 2 3 1

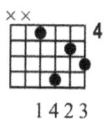
1 2 3 4

1 4 2 3

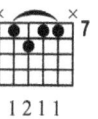
1 2 1 1

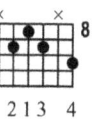
2 1 3 4

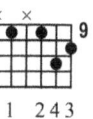
1 2 4 3

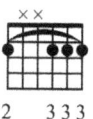
F#m ▸

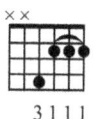
2 3 3 3

3 1 1 1

F#m6

1 3 4 1 1 1   3 1 1 4   1 3 4 2   1 3 4 2 1

2   1 3 4   2   1 3 3 3   1 3   1 4 1   1 4 2 3   1 3 1 2   3 1 2 1 4

F#m7

2 4 1 3   1 3   2 4   T   1 1 1   2   3 3 3   1   2 3 4

2   3 3 3 3   1 3 1 1 1 1   3 1 4 1   1 3 1 1 4 1   1 4 2 3   2 1 3 4

F#m7b5

1   2 4 3   1 3 1 2 1   1 3 1 2 4   2   3 4 1

2   3 4 1   1 2 1 1   1 2 3 1 4 1   1 2 1 1 4 1   1 3 3 3   2   3 4 1

F#mmaj7

1 3 2 4   1 2 1 3   2   3 4 1   T   4 2 3 1

1   4 2 3   1 3 2 1 1 1   1 3 4 2   4 2 1 1   1 4 2 3   1 4 2 3 1

F#m9

2   3 1   2   3 1 4   T   1 1 1 4   1 3 1 1 1 4   2 1 4 3

© 2014 by Bernd Bruemmer

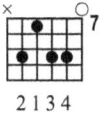
2 1 3 4

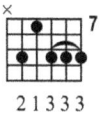
2 1 3 3 3

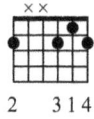
F#dim ▸

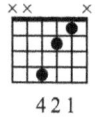
2　　3 1 4

4 2 1

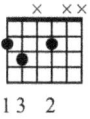
1 3　2

1 2 3 1

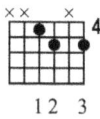
1 2　3

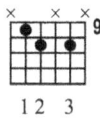
1 2　3

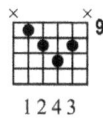
1 2 4 3

F#dim⁷ ▸

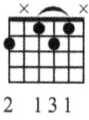
2　1 3 1

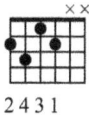
2 4 3 1

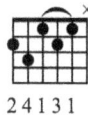
2 4 1 3 1

1 2 3 1 4 1

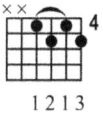
1 2 1 3

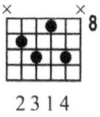
2 3 1 4

59

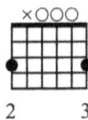
G
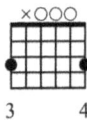
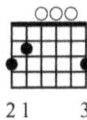
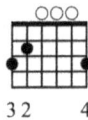
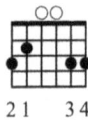

2　　3　　　3　　　4　　　2 1　　3　　　3 2　　　4　　　2 1　　3 4

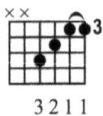
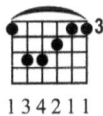
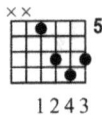
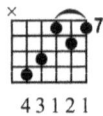
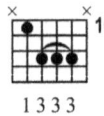
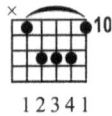

3 2 1 1　　1 3 4 2 1 1　　1 2 4 3　　4 3 1 2 1　　1 3 3 3　　1 2 3 4 1

G/B ▸
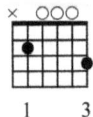
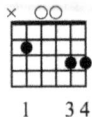
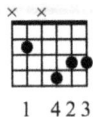
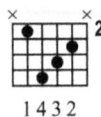
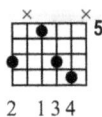

1　　3　　　1　　3 4　　　1　4 2 3　　1 4 3 2　　2　1 3 4

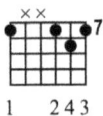
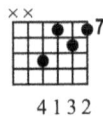
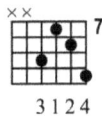
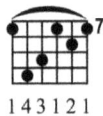
G/D ▸
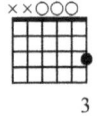

1　　2 4 3　　4 1 3 2　　3 1 2 4　　1 4 3 1 2 1　　　　　　3

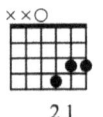
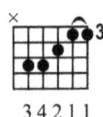
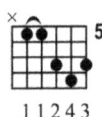
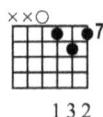
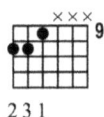
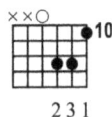

2 1　　3 4 2 1 1　　1 1 2 4 3　　1 3 2　　2 3 1　　2 3 1

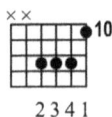
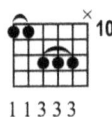
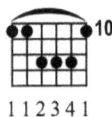
Gsus² ▸
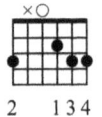

2 3 4 1　　1 1 3 3 3　　1 1 2 3 4 1　　　　　　　2　1 3 4

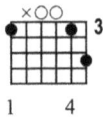
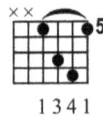
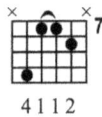
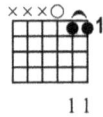
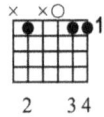

1　　4　　　1 3 4 1　　4 1 1 2　　1 1　　2　3 4　　1 3 4 1 1

Gsus⁴ ▸
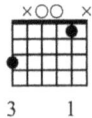
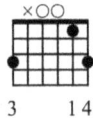
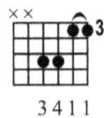
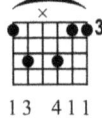

3　　1　　　3　　1 4　　3 4 1 1　　1 3　4 1 1

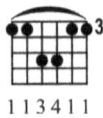
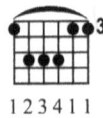
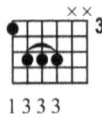
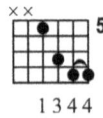
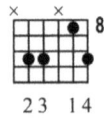
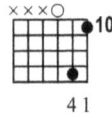

1 1 3 4 1 1　　1 2 3 4 1 1　　1 3 3 3　　1 3 4 4　　2 3　1 4　　4 1

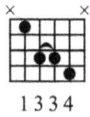  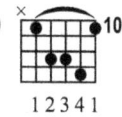 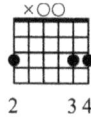 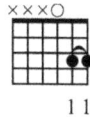

1 3 3 4   1 1 3 4 1   1 2 3 4 1   G⁵ ▶   2   3 4   1 1

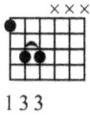 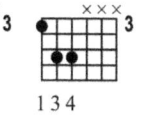 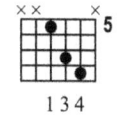 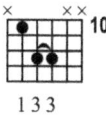 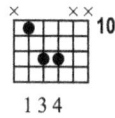

1 3 3   1 3 4   1 3 4   1 3 3   1 3 4   G⁶ ▶

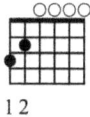 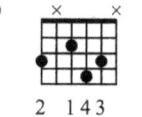 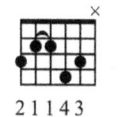 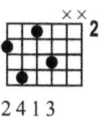 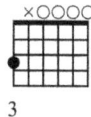 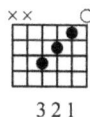

1 2   2 1 4 3   2 1 1 4 3   2 4 1 3   3   3 2 1

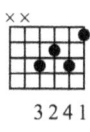 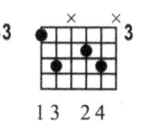 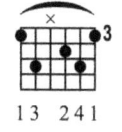 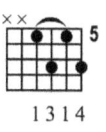 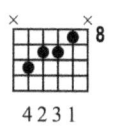 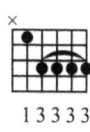

3 2 4 1   1 3 2 4   1 3 2 4 1   1 3 1 4   4 2 3 1   1 3 3 3 3

G⁶ᐟ⁹ ▶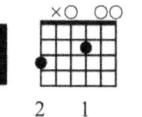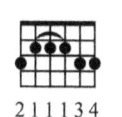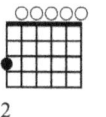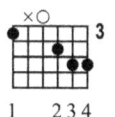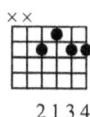

2   1   2 1 1 1 3 4   2   1   2 3 4   2 1 3 4

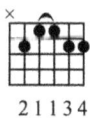   G⁷ ▶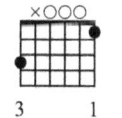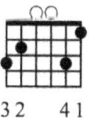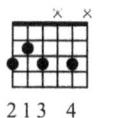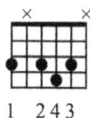

2 1 1 3 4   3   1   3 2   4 1   2 1 3   4   1   2 4 3

  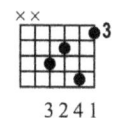 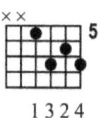 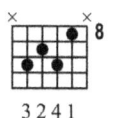 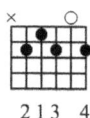

1 3 1 2 1 1   1 3 1 2 4 1   3 2 4 1   1 3 2 4   3 2 4 1   2 1 3 4

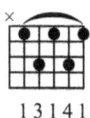 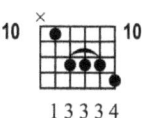   G⁷sus⁴ ▶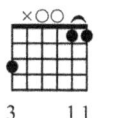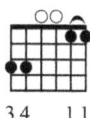

1 3 1 4 1   1 3 3 3 4   3   1 1   3 4   1 1

  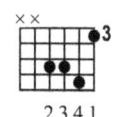 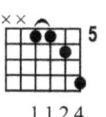 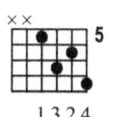 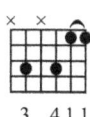

1 3 1 4 1 1   1 2 1 3 4 1   2 3 4 1   1 1 2 4   1 3 2 4   3   4 1 1

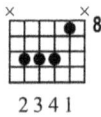 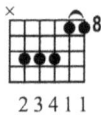   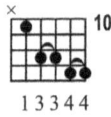

2 3 4 1   2 3 4 1 1   1 1 1 4 1   1 3 1 4 1   1 3 3 4 4

G⁷#⁹ ▸ 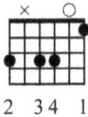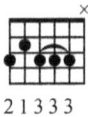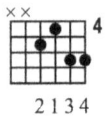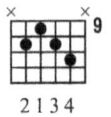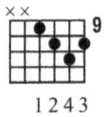

       2   3 4   1   2 1 3 3 3   2 1 3 4   2 1 3 4   1 2 4 3

Gmaj7 ▸   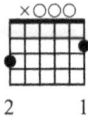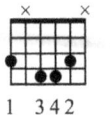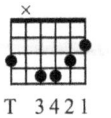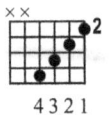

         2   1   1   3 4 2   T   3 4 2 1   4 3 2 1

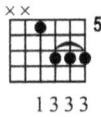 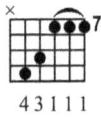 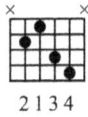 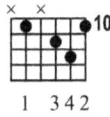 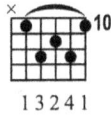

1 3 3 3   4 3 1 1 1   2 1 3 4   1   3 4 2   1 3 2 4 1

Gadd9 ▸ 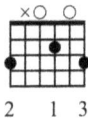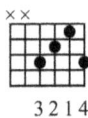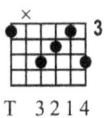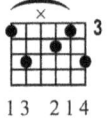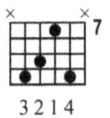

       2   1   3   3 2 1 4   T   3 2 1 4   1 3   2 1 4   3 2 1 4

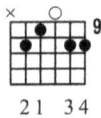   **G⁹** ▸ 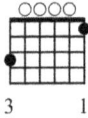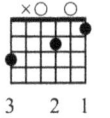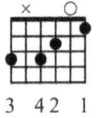

2 1   3 4   3   1   3   2 1   3   4 2   1   2   3 1   4

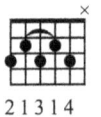 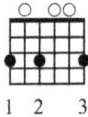 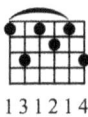 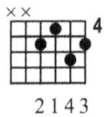 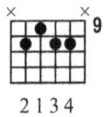 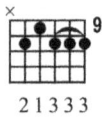

2 1 3 1 4   1   2   3   1 3 1 2 1 4   2 1 4 3   2 1 3 4   2 1 3 3 3

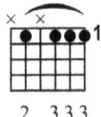   **Gmaj9** ▸   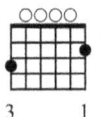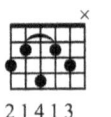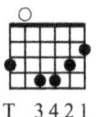

2   3 3 3   3   1   2 1 4 1 3   T   3 4 2 1

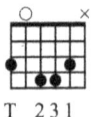 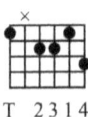 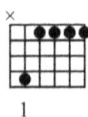 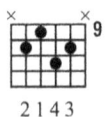

T   2 3 1   T   2 3 1 4   1   2 1 4 3   3   1

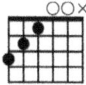 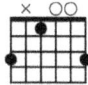 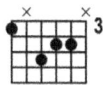 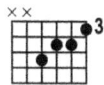 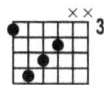

3 2 1   3 1   4   1 4 2 3   4 2 3 1   1 4 3 2

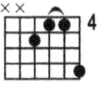 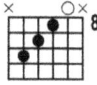 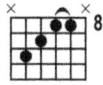 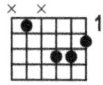 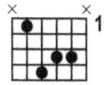

2 1 1 4   3 2 1   3 2 1 1   1   3 4 2   1 4 2 3

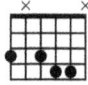 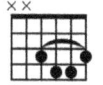 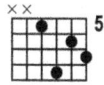 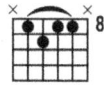

1 2 3 4   1 2 3 1   1 4 2 3   1 2 1 1

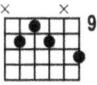 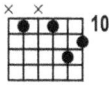 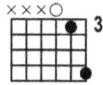 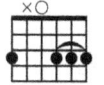 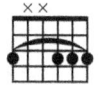

2 1 3   4   1 2 4 3   1 4   2   3 3 3   2   3 3 3

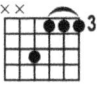 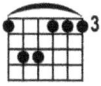 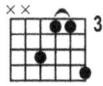 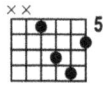 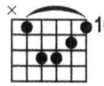 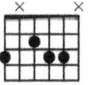

3 1 1 1   1 3 4 1 1 1   3 1 1 4   1 3 4 2   1 3 4 2 1

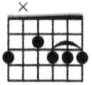 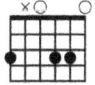 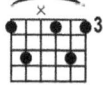  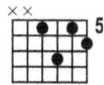

2   1 3 4   2   1 3 3 3   2   3 4   1 3   1 4 1   1 2 3 1 4 1   1 4 2 3

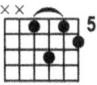 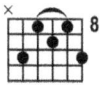 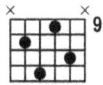 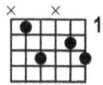 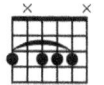

1 3 1 2   3 1 2 1 4   2 4 1 3   1 3   2 4   2   3 3 3

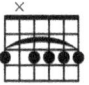  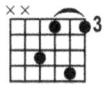  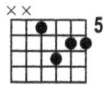 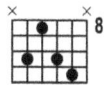

2   3 3 3 3   1 3 1 1 1 1   3 1 4 1   1 3 1 1 4 1   1 4 2 3   2 1 3 4

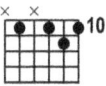 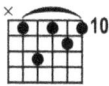 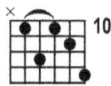 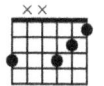

1   2 4 3   1 3 1 2 1   1 3 1 2 4   3   4 2 1

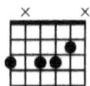
2 3 4 1

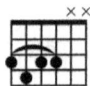
1 2 1 1

1 2 1 1 4 1

1 2 3 1 4 1

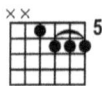
1 3 3 3

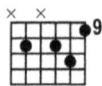
2 3 4 1

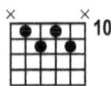
1 3 2 4

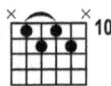
1 2 1 3

Gm^maj7 ▸

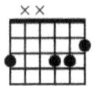
2 3 4 1

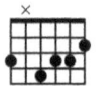
T 4 2 3 1

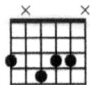
1 4 2 3

1 3 2 1 1 1

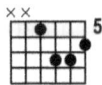
1 3 4 2

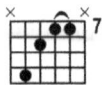
4 2 1 1

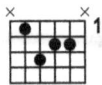
1 4 2 3

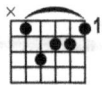
1 4 2 3 1

Gm^9 ▸

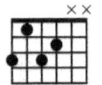
3 1 4 2

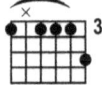
T 1 1 1 4

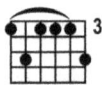
1 3 1 1 1 4

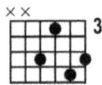
2 1 4 3

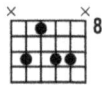
2 1 3 4

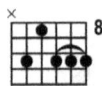
2 1 3 3 3

Gdim ▸

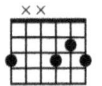
2 3 1 4

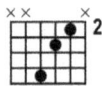
4 2 1

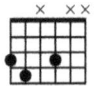
1 3 2

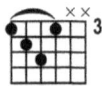
1 2 3 1

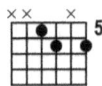
1 2 3

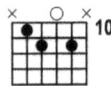
1 2 3

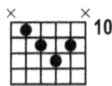
1 2 4 3

Gdim^7 ▸

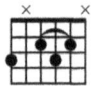
2 1 3 1

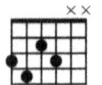
2 4 3 1

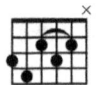
2 4 1 3 1

1 2 3 1 4 1

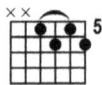
1 2 1 3

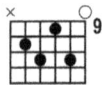
2 3 1 4

G# = Ab

3 2 1 1   1 3 4 2 1 1   1 2 4 3

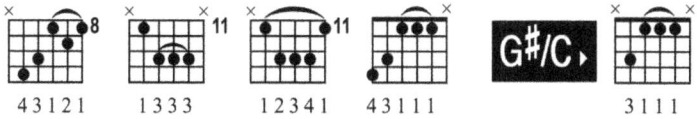

4 3 1 2 1   1 3 3 3   1 2 3 4 1   4 3 1 1 1   G#/C ▸   3 1 1 1

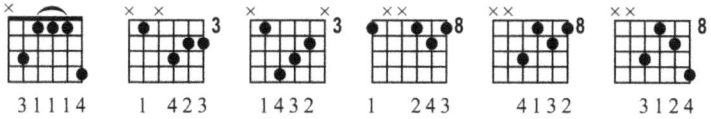

3 1 1 1 4   1   4 2 3   1 4 3 2   1   2 4 3   4 1 3 2   3 1 2 4

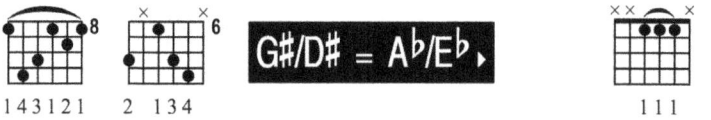

1 4 3 1 2 1   2   1 3 4   G#/D# = Ab/Eb ▸   1 1 1

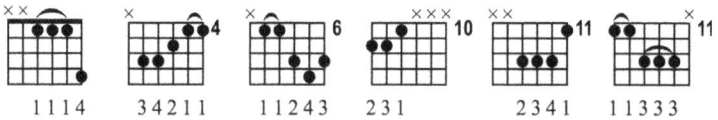

1 1 1 4   3 4 2 1 1   1 1 2 4 3   2 3 1   2 3 4 1   1 1 3 3 3

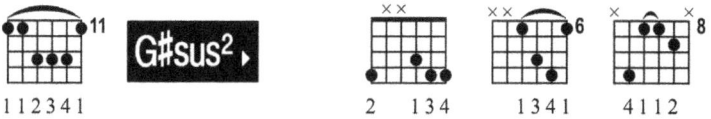

1 1 2 3 4 1   G#sus² ▸   2   1 3 4   1 3 4 1   4 1 1 2

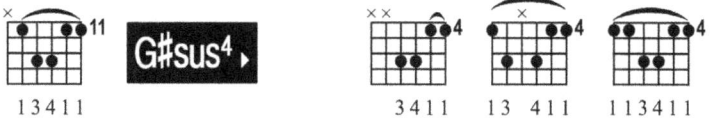

1 3 4 1 1   G#sus⁴ ▸   3 4 1 1   1 3   4 1 1   1 1 3 4 1 1

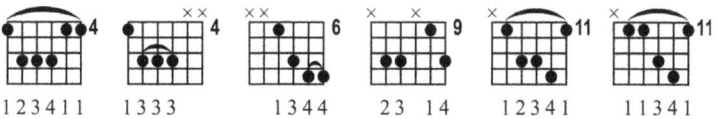

1 2 3 4 1 1   1 3 3 3   1 3 4 4   2 3   1 4   1 2 3 4 1   1 1 3 4 1

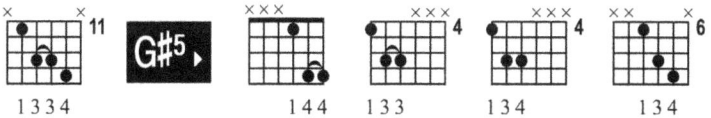

1 3 3 4   G#⁵ ▸   1 4 4   1 3 3   1 3 4   1 3 4

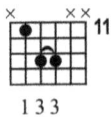
1 3 3

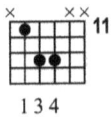
1 3 4

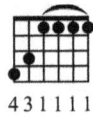
G#6

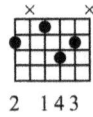
4 3 1 1 1 1

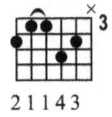
2　1 4 3

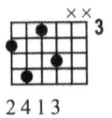
2 4 1 3

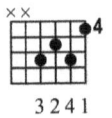
3 2 4 1

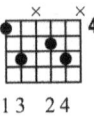
1 3　2 4

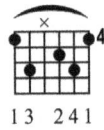
1 3　2 4 1

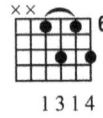
1 3 1 4

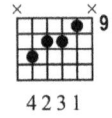
4 2 3 1

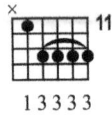
1 3 3 3 3

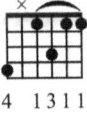
G#6/9

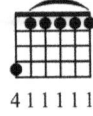
4　1 3 1 1

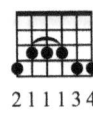
4 1 1 1 1 1

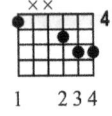
2 1 1 1 3 4

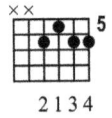
1　2 3 4

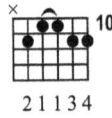
2 1 3 4

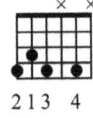
2 1 1 3 4

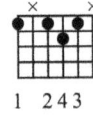
G#7

2 1 3　4

1　2 4 3

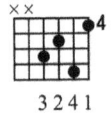
1 3 1 2 1 1

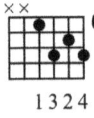
1 3 1 2 4 1

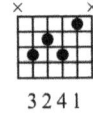
3 2 4 1

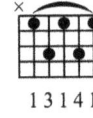
1 3 2 4

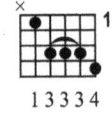
3 2 4 1

1 3 1 4 1

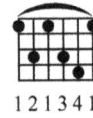
1 3 3 3 4

G#7sus4

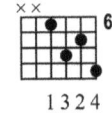
1 3 1 4 1 1

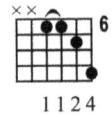
1 2 1 3 4 1

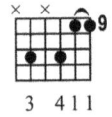
2 3 4 1

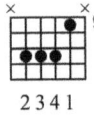
1 3 2 4

1 1 2 4

3　4 1 1

2 3 4 1

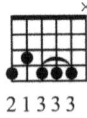
2 3 4 1 1

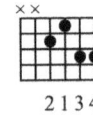
1 1 1 4 1

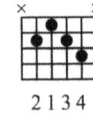
1 3 1 4 1

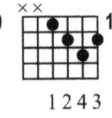
G#7#9

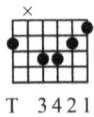
2 1 3 3 3

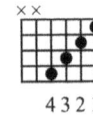
2 1 3 4

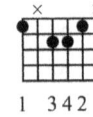
2 1 3 4

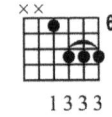
1 2 4 3

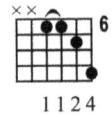

G#maj7

T　3 4 2 1

4 3 2 1

1　3 4 2

1 3 3 3

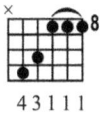
4 3 1 1 1

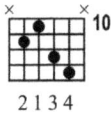
2 1 3 4

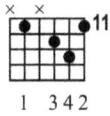
1   3 4 2

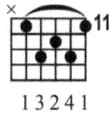
1 3 2 4 1

G#add9 ▸

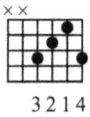
3 2 1 4

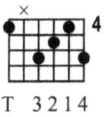
T   3 2 1 4

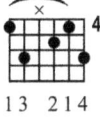
1 3   2 1 4

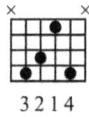
3 2 1 4

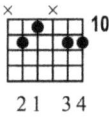
2 1   3 4

G#9 ▸

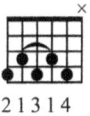
2 1 3 1 4

1 3 1 2 1 4

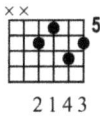
2 1 4 3

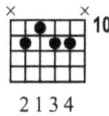
2 1 3 4

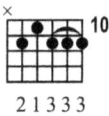
2 1 3 3 3

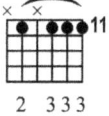
2   3 3 3

G#maj9 ▸

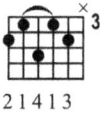
2 1 4 1 3

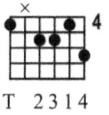
T   2 3 1 4

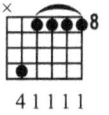
4 1 1 1 1

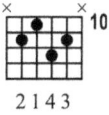
2 1 4 3

G#aug ▸

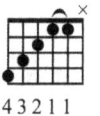
4 3 2 1 1

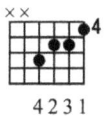
4 2 3 1

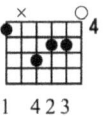
1   4 2 3

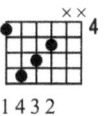
1 4 3 2

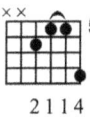
2 1 1 4

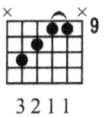
3 2 1 1

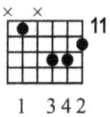
1   3 4 2

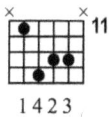
1 4 2 3

G#aug7 ▸

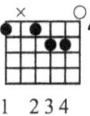
1   2 3 4

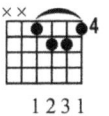
1 2 3 1

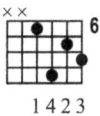
1 4 2 3

1 2 1 1

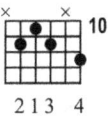
2 1 3   4

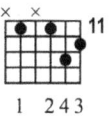
1   2 4 3

G#m ▸

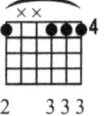
2   3 3 3

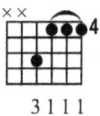
3 1 1 1

1 3 4 1 1 1

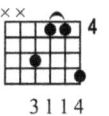
3 1 1 4

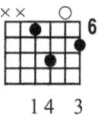
1 4   3

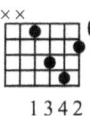
1 3 4 2

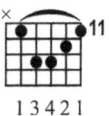
1 3 4 2 1

G#m6 ▸

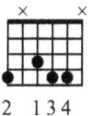
2   1 3 4

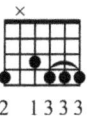
2   1 3 3 3

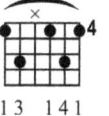
1 3   1 4 1

G#m7

1 4 2 3   1 3 1 2   3 1 2 1 4   2 4 1 3   1 3   2 4

2   3 3 3   2   3 3 3 3   1 3 1 1 1 1   3 1 4 1   1 3 1 1 4 1   1 4 2 3

G#m7b5

2 1 3 4   1   2 4 3   1 3 1 2 1   1 3 1 2 4

3   4 2 1   2   3 4 1   1 2 1 1   1 2 3 1 4 1   1 2 1 1 4 1   1 3 3 3

G#mmaj7

2   3 4 1   1 3 2 4   1 2 1 3   2   3 4 1

T   4 2 3 1   1   4 2 3   1 3 2   1 3 2 1 1 1   1 3 4 2   4 2 1 1

G#m9

1 4 2 3   1 4 2 3 1   3 1 4 2   T   1 1 1 4

G#dim

1 3 1 1 1 4   2 1 4 3   2 1 3 4   2 1 3 3 3

2   3 1 4   4 2 1   2   3   1 3   2   1 2 3 1   1 2   3

68

© 2014 by Bernd Bruemmer

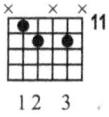
× × ×
11
1 2   3

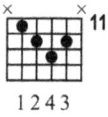
×   ×
11
1 2 4 3

G#dim⁷ ▸

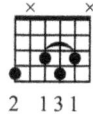
×   ×

2   1 3 1

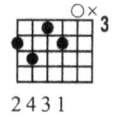
○ ×
3
2 4 3 1

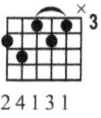
×
3
2 4 1 3 1

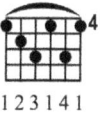
4
1 2 3 1 4 1

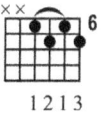
× ×
6
1 2 1 3

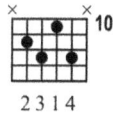
×   ×
10
2 3 1 4

Power Chords: Root on the E String

Chord Shapes

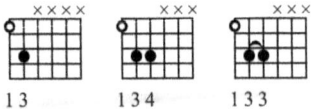

1 3   1 3 4   1 3 3

Power chords just consist of two notes: the root and the fifth.

These shapes can be moved along the E string to every pitch. The root on the E string is used as a guide. The index finger 1 fingers the root.

Examples

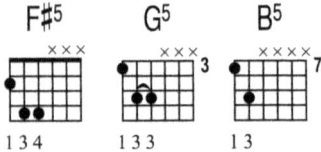

F#5   G5   B5

1 3 4   1 3 3   1 3

E

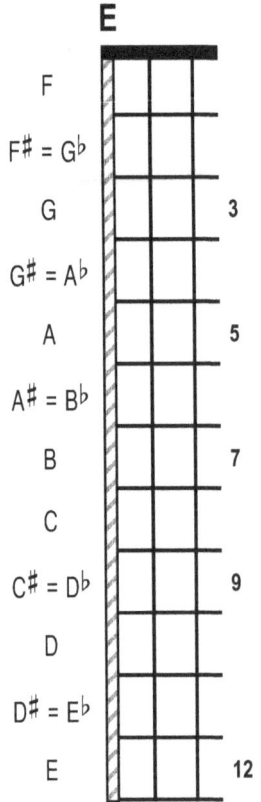

F
F# = Gb
G   3
G# = Ab
A   5
A# = Bb
B   7
C
C# = Db   9
D
D# = Eb
E   12

Power Chords: Root on the A String

Chord Shapes

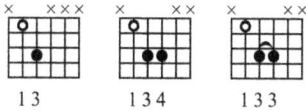

Power chords just consist of two notes: the root and the fifth.

These shapes can be moved along the A string to every pitch. The root on the A string is used as a guide. The index finger 1 fingers the root.

Examples

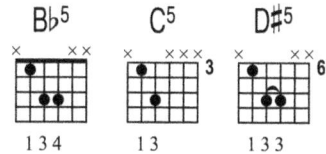

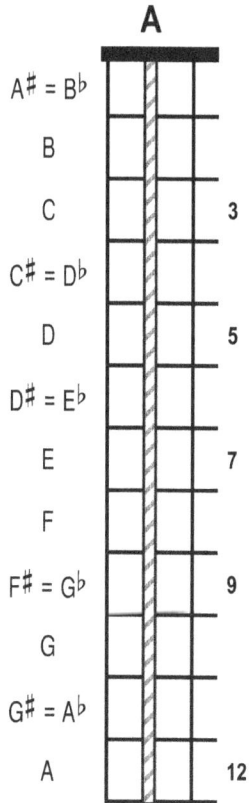

Power Chords: Root on the D String

Chord Shapes

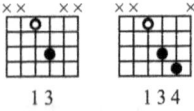

Power chords just consist of two notes: the root and the fifth.

These shapes can be moved along the D string to every pitch. The root on the D string is used as a guide. The index finger 1 fingers the root.

Examples

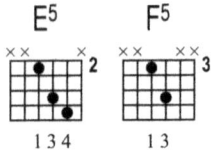

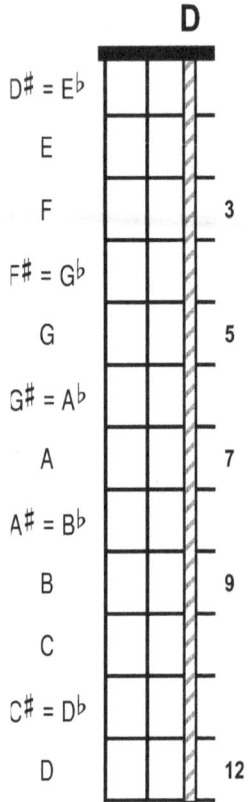

Barre Chords in E Form

Examples:
Chord Shapes with the Root G

G	G^{sus4}	G^{sus4}	G^{sus4}
1 3 4 2 1 1	1 3 4 1 1	1 1 3 4 1 1	1 2 3 4 1 1

G^6	G^7	G^7	G^{7sus4}
1 3 2 4 1	1 3 1 2 1 1	1 3 1 2 4 1	1 3 1 4 1 1

G^{7sus4}	G^{add9}	Gm	Gm^6
1 2 1 3 4 1	1 3 2 1 4	1 3 4 1 1 1	1 3 1 4 1

Gm^7	Gm^7	Gm^{7b5}	Gm^{7b5}
1 3 1 1 1 1	1 3 1 1 4 1	1 2 1 1 4 1	1 2 3 1 4 1

Gm$^{(maj7)}$	Gm^9	Gdim	Gdim^7
1 3 2 1 1 1	1 3 1 1 1 4	1 2 3 1	1 2 3 1 4 1

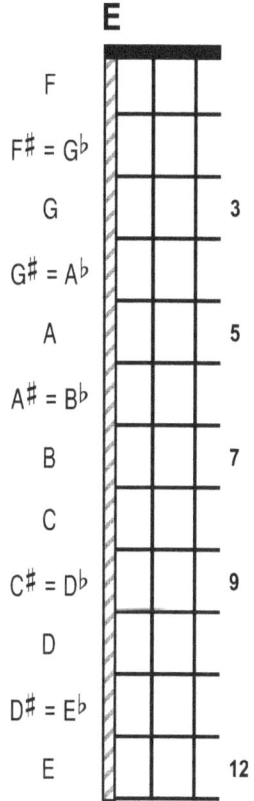

E

F
F# = G♭
G — 3
G# = A♭
A — 5
A# = B♭
B — 7
C
C# = D♭ — 9
D
D# = E♭
E — 12

The shapes can be moved along the E string to every pitch. The root on the E string is used as a guide.

Barre Chords in A Form

Examples:
Chord Shapes with the Root C

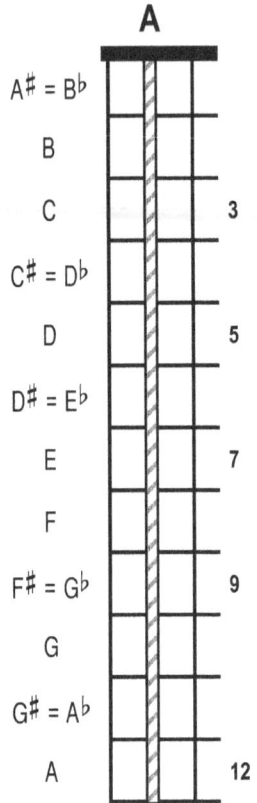

The shapes can be moved along the A string to every pitch. The root on the A string is used as a guide.

Tips

1. The common chords, which you learn first, are also called basic chords. They sit near the saddle and have open strings. These chord shapes are included first in each collection.

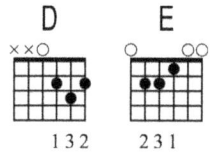

D **E**

2. Open chords (chords with open strings) are often a good choice in terms of sound.

3. There are several shapes and fingerings for each chord. Choose those shapes and fingerings which make changing between chords work most smoothly.

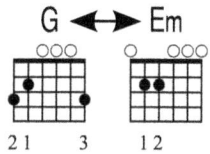

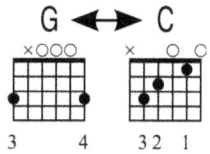

G ←→ Em

G ←→ C

4. You do not always need to play all notes of a chord. Arrange the bigger chord shape into smaller parts. Such parts of a bigger chord can even sound more sexy, especially in combination with other instruments.

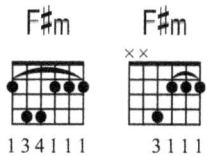

F#m **F#m**

5. If you play in a band, leave the bass note of a slash chord to the bass. For example, C/E: You strum the C chord, the bass picks the E.

6. When playing with a second guitarist the overall sound gets better when you use chords in different positions on the fretboard.

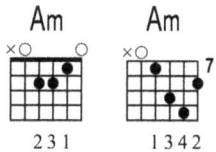

Am **Am**